A True Story

A True Story

Parallel English and Greek

By

Lucian

Translated from the Greek by

A.M. Harmon

First published 1913

Republished 2007 by Forgotten Books

www.forgottenbooks.org

vi

PUBLISHER'S PREFACE

About the Book

"Widely hailed as the first science fiction story, A True Story, by Lucian of Samosata is a voyage to the edges of the universe and reason. The title is the first clue that this will be a tall tale. As much a predecessor of Douglas Adams as Jules Verne, Lucian's fantasy explores not only outer space (where he brokers war and peace between the inhabitants of the sun and moon), but also the Elysian fields, the geography of the Odyssey, and the interior of a giant whale. We get to meet Homer, Pythagoras, Socrates, and other immortals, as well as a host of bizarre creatures. The text is riddled with puns, innuendo, parody and satire; however most of this humor will escape the modern reader. Suffice it to say that this was considered pretty funny in the second century [AD]. The narrative breaks off in the second book. Whether there were more adventures or Lucian just ran out of ideas is unknown."

(Quote from sacred-texts.com)

About the Author

Lucian (120 C.E. - 180 C.E.)

"Lucian, Greek satirist of the Silver Age of Greek literature, born at Samosata on the Euphrates in northern Syria. He tells us in the Somnium or Vita Luciani, that, his means being small, he was at first apprenticed to his maternal uncle, a sculptor of the stone pillars called Hermae. Having made an unlucky beginning by breaking a marble slab, and having been well beaten for it,

he absconded and returned home. Here he had a dream or vision of two women, representing Statuary and Literature. Both plead their cause at length, setting forth the advantages and the prospects of their respective professions; but the youth decides to pursue learning. For some time he seems to have made money following the example of Demosthenes, on whose merits and patriotism he expatiates in the dialogue Demosthenis Encomium. He was very familiar with the rival schools of philosophy, and he must have well studied their teachings; but he lashes them all alike, the Cynics, perhaps, being the chief object of his derision. Lucian was not only a skeptic; he was a scoffer and a downright unbeliever. He felt that men's actions and conduct always fall far short of their professions and therefore he concluded that the professions themselves were worthless, and a mere guise to secure popularity or respect. Of Christianity he shows some knowledge, and it must have been somewhat largely professed in Syria at the close of the 2nd century. In the Philopatris, though the dialogue so called is generally regarded as spurious, there is a statement of the doctrine of the Trinity, and the "Galilaean who had ascended to the third heaven", and "renewed" by the waters of baptism, may possibly allude to St. Paul. The doctrines of the "Light of the world" and that God is in heaven making a record of the good and bad actions of men, seem to have come from the same doubtful authorship. To understand them aright we must source, though the notion of a written catalogue of human actions to be used in judgment was familiar to Aeschylus and Euripides."

(Quote from nndb.com)

CONTENTS

BOOK I.

ΑΛΗΘΩΝ ΔΙΗΓΗΜΑΤΩΝ
Ὥσπερ τοῖς ἀθλητικοῖς καὶ περὶ τὴν τῶν σωμάτων ἐπιμέλειαν ἀσχολουμένοις οὐ τῆς εὐεξίας μόνον οὐδὲ τῶν γυμνασίων φροντίς ἐστιν, ἀλλὰ καὶ τῆς κατὰ καιρὸν γινομένης ἀνέσεως μέρος γοῦν τῆς ἀσκήσεως τὸ μέγιστον αὐτὴν ὑπολαμβάνουσινοὕτω δὴ καὶ τοῖς περὶ τοὺς λόγους ἐσπουδακόσιν ἡγοῦμαι προσήκειν μετὰ τὴν πολλὴν τῶν σπουδαιοτέρων ἀνάγνωσιν ἀνιέναι τε τὴν διάνοιαν καὶ πρὸς τὸν ἔπειτα κάματον ἀκμαιοτέραν παρασκευάζειν. γένοιτο δ᾽ ἂν ἐμμελὴς ἡ ἀνάπαυσις αὐτοῖς, εἰ τοῖς τοιούτοις τῶν ἀναγνωσμάτων ὁμιλοῖεν, ἃ μὴ μόνον ἐκ τοῦ ἀστείου τε καὶ χαρίεντος ψιλὴν παρέξει τὴν ψυχαγωγίαν, ἀλλά τινα καὶ θεωρίαν οὐκ ἄμουσον ἐπιδείξεται, οἷόν τι καὶ περὶ τῶνδε τῶν συγγραμμάτων φρονήσειν ὑπολαμβάνω· οὐ γὰρ μόνον τὸ ξένον τῆς

MEN interested in athletics and in the care of their bodies think not only of condition and exercise but also of relaxation in season; in fact, they consider this the principal part of training. In like manner students, I think, after much reading of serious works may profitably relax their minds and put them in better trim for future labour. It would be appropriate recreation for them if they were to take up the sort of reading that, instead of affording just pure amusement based on wit and humour, also boasts a little food for thought that the Muses would not altogether spurn; and I think they will consider the present work something of the kind. They will find it enticing not only for the novelty of its subject, for the humour of its plan and because I tell all kinds of lies in a plausible and specious

ὑποθέσεως οὐδὲ τὸ χαρίεν τῆς προαιρέσεως ἐπαγωγὸν ἔσται αὐτοῖς οὐδ᾽ ὅτι ψεύσματα ποικίλα πιθανῶς τε καὶ ἐναλήθως ἐξενηνόχαμεν, ἀλλ᾽ ὅτι καὶ τῶν ἱστορουμένων ἕκαστον οὐκ ἀκωμῳδήτως νικται πρός τινας

way, but also because everything in my story is a more or less comical parody of one or

τῶν παλαιῶν ποιητῶν τε καὶ συγγραφέων καὶ φιλοσόφων πολλὰ τεράστια καὶ μυθώδη συγγεγραφότων, οὓς καὶ ὀνομαστὶ ἂν ἔγραφον, εἰ μὴ καὶ αὐτῷ σοι ἐκ τῆς ἀναγνώσεως φανεῖσθαι ἔμελλον [ὧν] Κτησίας ὁ Κτησιόχου ὁ Κνίδιος, ὃς συνέγραψεν περὶ τῆς Ἰνδῶν χώρας καὶ τῶν παρ᾽ αὐτοῖς ἃ μήτε αὐτὸς εἶδεν μήτε ἄλλου ἀληθεύοντος ἤκουσεν. ἔγραψε δὲ καὶ Ἰαμβοῦλος περὶ τῶν ἐν τῇ μεγάλῃ θαλάττῃ πολλὰ παράδοξα, γνώριμον μὲν ἅπασι τὸ ψεῦδος πλασάμενος, οὐκ ἀτερπῆ δὲ ὅμως συνθεὶς τὴν ὑπόθεσιν. πολλοὶ δὲ καὶ ἄλλοι

another of the poets, historians and philosophers of old, who have written much that smacks of miracles and fables. I would cite them by name, were it not that you yourself will recognise them from your reading. One of them is Ctesias, son of Ctesiochus, of Cnidos, who wrote a great deal about India and its characteristics that he had never seen himself nor heard from anyone else with a reputation for truthfulness. Iambulus also wrote much that was strange about the countries in the great sea: he made up a falsehood that is patent to everybody, but

τὰ αὐτὰ τούτοις προελόμενοι συνέγραψαν ὡς δή τινας ἑαυτῶν πλάνας τε καὶ ἀποδημίας, θηρίων τε μεγέθη ἱστοροῦντες καὶ ἀνθρώπων ὠμότητας καὶ βίων καινότητας· ἀρχηγὸς δὲ αὐτοῖς καὶ διδάσκαλος τῆς τοιαύτης βωμολοχίας ὁ τοῦ Ὁμήρου Ὀδυσσεύς, τοῖς περὶ τὸν Ἀλκίνουν διηγούμενος ἀνέμων τε δουλείαν καὶ μονοφθάλμους καὶ ὠμοφάγους καὶ ἀγρίους τινὰς ἀνθρώπους, ἔτι δὲ πολυκέφαλα ζῷα καὶ τὰς ὑπὸ φαρμάκων τῶν ἑταίρων μεταβολάς, οἷς πολλὰ ἐκεῖνος πρὸς ἰδιώτας ἀνθρώπους τοὺς Φαίακας ἐτερατεύσατο. τούτοις οὖν ἐντυχὼν ἅπασιν, τοῦ ψεύσασθαι μὲν οὐ σφόδρα τοὺς ἄνδρας ἐμεμψάμην, ὁρῶν ἤδη σύνηθες ὂν τοῦτο καὶ τοῖς φιλοσοφεῖν ὑπισχνουμένοις· ἐκεῖνο δὲ αὐτῶν ἐθαύμασα, εἰ ἐνόμιζον λήσειν οὐκ ἀληθῆ

wrote a story that is not uninteresting for all that. [1] Many others, with the same intent, have written about imaginary travels and journeys of theirs, telling of huge beasts, cruel men and strange ways of living. Their guide and instructor in this sort of charlatanry is Homer's Odysseus, who tells Alcinous and his court about winds in bondage, one-eyed men, cannibals and savages; also about animals with many heads, and transformations of his comrades wrought with drugs. This stuff, and much more like it, is what our friend humbugged the illiterate Phaeacians with! Well, on reading all these authors, I did not find much fault with them for their lying, as I saw that this was already a common practice even among men who profess philosophy. [2] I did wonder, though, that they thought that they could write

---

[1] The writings of Ctesias and Iambulus are lost; also those of Antonius Diogenes, whose story, On the Wonders beyond Thule, was according to Photius (Bibb., cod. 166, 111 b) the fountain-head of Lucian's tale.

[2] A slap at Plato's Republic (x. 614 A seq.), as the scholiast says.

συγγράφοντες. διόπερ καὶ αὐτὸς ὑπὸ κενοδοξίας ἀπολιπεῖν τι σπουδάσας

untruths and not get caught at it. Therefore, as I myself, thanks to my vanity, was eager to hand something

τοῖς μεθ᾽ ἡμᾶς, ἵνα μὴ μόνος ἄμοιρος ὦ τῆς ἐν τῷ μυθολογεῖν ἐλευθερίας, ἐπεὶ μηδὲν ἀληθὲς ἱστορεῖν εἶχονοὐδὲν γὰρ ἐπεπόνθειν ἀξιόλογονἐπὶ τὸ ψεῦδος ἐτραπόμην πολὺ τῶν ἄλλων εὐγνωμονέστερον· κἂν ἓν γὰρ δὴ τοῦτο ἀληθεύσω λέγων ὅτι ψεύδομαι. οὕτω δ᾽ ἄν μοι δοκῶ καὶ τὴν παρὰ τῶν ἄλλων κατηγορίαν ἐκφυγεῖν αὐτὸς ὁμολογῶν μηδὲν ἀληθὲς λέγειν. γράφω τοίνυν περὶ ὧν μήτε εἶδον μήτε ἔπαθον μήτε παρ᾽ ἄλλων ἐπυθόμην, ἔτι δὲ μήτε ὅλως ὄντων μήτε τὴν ἀρχὴν γενέσθαι δυναμένων. διὸ δεῖ τοὺς ἐντυγχάνοντας μηδαμῶς πιστεύειν αὐτοῖς. Ὁρμηθεὶς γάρ ποτε ἀπὸ Ἡρακλείων στηλῶν καὶ ἀφεὶς εἰς τὸν ἑσπέριον ὠκεανὸν οὐρίῳ ἀνέμῳ τὸν πλοῦν ἐποιούμην. αἰτία δέ μοι τῆς

down to posterity, that I might not be the only one excluded from the privileges of poetic licence, and as I had nothing true to tell, not having had any adventures of significance, I took to lying. But my lying is far more honest than theirs, for though I tell the truth in nothing else, I shall at least be truthful in saying that I am a liar. I think I can escape the censure of the world by my own admission that I am not telling a word of truth. Be it understood, then, that I am writing about things which I have neither seen nor had to do with nor learned from others--which, in fact, do not exist at all and, in the nature of things, cannot exist. [1] Therefore my readers should on no account believe in them.

Once upon a time, setting out

---

[1] Compare the protestations of Ctesias and of Antonius Diogenes (Phot. cod. 72, 49-50; 166, 109 b).

ἀποδημίας καὶ ὑπόθεσις ἡ τῆς διανοίας περιεργία καὶ πραγμάτων καινῶν ἐπιθυμία καὶ τὸ βούλεσθαι μαθεῖν τί τὸ τέλος ἐστὶν τοῦ ὠκεανοῦ καὶ τίνες οἱ πέραν κατοικοῦντες ἄνθρωποι. τούτου γέ τοι ἔνεκα πάμπολλα μὲν σιτία ἐνεβαλόμην, ἱκανὸν δὲ καὶ ὕδωρ ἐνεθέμην, πεντήκοντα δὲ τῶν ἡλικιωτῶν προσεποιησάμην τὴν αὐτὴν ἐμοὶ γνώμην ἔχοντας, ἔτι δὲ καὶ ὅπλων πολύ τι πλῆθος παρεσκευασάμην καὶ κυβερνήτην τὸν ἄριστον μισθῷ μεγάλῳ πείσας παρέλαβον καὶ τὴν ναῦν ἄκατος δὲ ἦ ὡς πρὸς μέγαν καὶ βίαιον πλοῦν ἐκρατυνάμην. ἡμέραν οὖν καὶ νύκτα οὐρίῳ πλέοντες ἔτι τῆς γῆς ὑποφαινομένης οὐ σφόδρα βιαίως ἀνηγόμεθα, τῆς ἐπιούσης δὲ ἅμα ἡλίῳ ἀνίσχοντι ὅ τε ἄνεμος

from the Pillars of Hercules and heading for the western ocean with a fair wind, I went a-voyaging. The motive and purpose of my journey lay in my intellectual activity and desire for adventure, and in my wish to find out what the end of the ocean was, and who the people were that lived on the other side. On this account I put aboard a good store of provisions, stowed water enough, enlisted in the venture fifty of my acquaintances who were like-minded with myself, got together also a great quantity of arms, shipped the best sailing-master to be had at a big inducement, and put my boat--she was a pinnace--in trim for a long and difficult voyage. Well, for a day and a night we sailed before the wind without making very much offing, as land was still dimly in sight; but at sunrise on the second day the wind freshened, the

ἐπεδίδου καὶ τὸ κῦμα ηὐξάνετο καὶ ζόφος ἐπεγίνετο καὶ οὐκέτ᾽ οὐδὲ στεῖλαι τὴν

sea rose, darkness came on, and before we knew it we could no longer even get our

ὀθόνην δυνατὸν ἦν. ἐπιτρέψαντες οὖν τῷ πνέοντι καὶ παραδόντες ἑαυτοὺς ἐχειμαζόμεθα ἡμέρας ἐννέα καὶ ἑβδομήκοντα, τῇ ὀγδοηκοστῇ δὲ ἄφνω ἐκλάμψαντος ἡλίου καθορῶμεν οὐ πόρρω νῆσον ὑψηλὴν καὶ δασεῖαν, οὐ τραχεῖ περιηχουμένην τῷ κύματι· καὶ γὰρ ἤδη τὸ πολὺ τῆς ζάλης κατεπαύετο.

Προσσχόντες οὖν καὶ ἀποβάντες ὡς ἂν ἐκ μακρᾶς ταλαιπωρίας πολὺν μὲν χρόνον ἐπὶ γῆς ἐκείμεθα, διαναστάντες δὲ ὅμως ἀπεκρίναμεν ἡμῶν αὐτῶν τριάκοντα μὲν φύλακας τῆς νεὼς παραμένειν, εἴκοσι δὲ σὺν ἐμοὶ ἀνελθεῖν ἐπὶ κατασκοπῇ τῶν ἐν τῇ νήσῳ. προελθόντες δὲ ὅσον σταδίους τρεῖς ἀπὸ τῆς θαλάττης δι᾽ ὕλης ὁρῶμέν τινα στήλην χαλκοῦ πεποιημένην, Ἑλληνικοῖς γράμμασιν καταγεγραμμένην, ἀμυδροῖς δὲ καὶ ἐκτετριμμένοις, λέγουσαν ῎Αχρι τούτων Ἡρακλῆς καὶ

canvas in. Committing ourselves to the gale and giving up, we drove for seventy-nine days. On the eightieth day, however, the sun came out suddenly and at no great distance we saw a high, wooded island ringed about with sounding surf, which, however, was not rough, as already the worst of the storm was abating.[1]

Putting in and going ashore, we lay on the ground for some time in consequence of our long misery, but finally we arose and told off thirty of our number to stay and guard the ship and twenty to go inland with me and look over the island. When we had gone forward through the wood about three furlongs from the sea, we saw a slab of bronze, inscribed with Greek letters, faint and obliterated, which said: "To this point came Hercules and Dionysus." There were also two footprints in the rock close by, one of which was a hundred feet long, the other

---

[1] This paragraph is based on Iambulus (Diod. 2. 55).

Διόνυσος ἀφίκοντο. ἦν δὲ καὶ ἴχνη δύο πλησίον ἐπὶ πέτρας, τὸ μὲν πλεθριαῖον, τὸ δὲ ἔλαττον ἐμοὶ δοκεῖν, τὸ μὲν τοῦ Διονύσου, τὸ μικρότερον, θάτερον δὲ Ἡρακλέους. προσκυνήσαντες δ᾽ οὖν προῆμεν· οὔπω δὲ πολὺ παρῆμεν καὶ ἐφιστάμεθα ποταμῷ οἶνον ῥέοντι ὁμοιότατον μάλιστα οἷόσπερ ὁ Χῖός ἐστιν. ἄφθονον δὲ ἦν τὸ ῥεῦμα καὶ πολύ, ὥστε ἐνιαχοῦ καὶ ναυσίπορον εἶναι δύνασθαι. ἔπει οὖν ἡμῖν πολὺ μᾶλλον πιστεύειν τῷ ἐπὶ τῆς στήλης ἐπιγράμματι, ὁρῶσι τὰ σημεῖα τῆς Διονύσου ἐπιδημίας. δόξαν δέ μοι

less--to my thinking, the smaller one was left by Dionysus, the other by Hercules. [1] We did obeisance and went on, but had not gone far when we came upon a river of wine, just as like as could be to Chian. [2] The stream was large and full, so that in places it was actually navigable. Thus we could not help having much greater faith in the inscription on the slab, seeing the evidence of Dionysus' visit. I resolved

καὶ ὅθεν ἄρχεται ὁ ποταμὸς καταμαθεῖν, ἀνῄειν παρὰ τὸ ῥεῦμα, καὶ πηγὴν μὲν οὐδεμίαν εὗρον αὐτοῦ, πολλὰς δὲ καὶ μεγάλας ἀμπέλους, πλήρεις βοτρύων, παρὰ δὲ τὴν ῥίζαν ἑκάστην ἀπέρρει σταγὼν οἴνου διαυγοῦς, ἀφ᾽ ὧν ἐγίνετο ὁ ποταμός. ἦν δὲ καὶ ἰχθῦς ἐν

to find out where the river took its rise, and went up along the stream. What I found was not a source, but a number of large grapevines, full of clusters; beside the root of each flowed a spring of clear wine, and the springs gave rise to the river. There were many fish to be seen in

---

[1] Cf. Herod. 4, 82; a footprint of Hercules, two cubits long.
[2] Cf. Ctesias (Phot. cod. 72, 46 a).

αὐτῷ πολλοὺς ἰδεῖν, οἴνῳ μάλιστα καὶ τὴν χρόαν καὶ τὴν γεῦσιν προσεοικότας· ἡμεῖς γοῦν ἀγρεύσαντες αὐτῶν τινας καὶ ἐμφαγόντες ἐμεθύσθημεν· ἀμέλει καὶ ἀνατεμόντες αὐτοὺς εὑρίσκομεν τρυγὸς μεστούς. ὕστερον μέντοι ἐπινοήσαντες τοὺς ἄλλους ἰχθῦς, τοὺς ἀπὸ τοῦ ὕδατος παραμιγνύντες ἐκεράννυμεν τὸ σφοδρὸν τῆς οἰνοφαγίας.

Τότε δὲ τὸν ποταμὸν διαπεράσαντες ᾗ διαβατὸς ἦν, εὔρομεν ἀμπέλων χρῆμα τεράστιον· τὸ μὲν γὰρ ἀπὸ τῆς γῆς, ὁ στέλεχος αὐτὸς εὐερνὴς καὶ παχύς, τὸ δὲ ἄνω γυναῖκες ἦσαν, ὅσον ἐκ τῶν λαγόνων ἄπαντα ἔχουσαι τέλειατοιαύτην παρ᾽ ἡμῖν τὴν Δάφνην γράφουσιν ἄρτι τοῦ Ἀπόλλωνος καταλαμβάνοντος ἀποδενδρουμένην. ἀπὸ δὲ τῶν δακτύλων ἄκρων ἐξεφύοντο αὐταῖς οἱ κλάδοι καὶ μεστοὶ ἦσαν βοτρύων. καὶ μὴν καὶ τὰς κεφαλὰς ἐκόμων ἕλιξί τε καὶ φύλλοις καὶ βότρυσι. προσελθόντας δὲ ἡμᾶς ἠσπάζοντο καὶ ἐδεξιοῦντο, αἱ μὲν Λύδιον, αἱ

it, very similar to wine in colour and in taste. In fact, on catching and eating some of them, we became drunk, and when we cut into them we found them full of lees, of course. Later on, we bethought ourselves to mix with them the other kind of fish, those from the water, and so temper the strength of our edible wine.

Next, after crossing the river at a place where it was fordable, we found something wonderful in grapevines. The part which came out of the ground, the trunk itself, was stout and well-grown, but the upper part was in each case a woman, entirely perfect from the waist up. They were like our pictures of Daphne turning into a tree when Apollo is just catching her. Out of their finger-tips grew the branches, and they were full of grapes. Actually, the hair of their heads was tendrils and leaves and clusters! When we came up, they welcomed and greeted us, some of them speaking Lydian, some Indian, but the

δ᾽ Ἰνδικήν, αἱ πλεῖσται δὲ τὴν Ἑλλάδα φωνὴν προϊέμεναι. καὶ ἐφίλουν δὲ ἡμᾶς τοῖς στόμασιν· ὁ δὲ φιληθεὶς αὐτίκα ἐμέθυεν καὶ παράφορος ἦν. δρέπεσθαι μέντοι οὐ παρεῖχον τοῦ καρποῦ, ἀλλ᾽ ἤλγουν καὶ ἐβόων ἀποσπωμένου. αἱ δὲ καὶ μίγνυσθαι ἡμῖν ἐπεθύμουν· καὶ δύο τινὲς τῶν ἑταίρων πλησιάσαντες αὐταῖς οὐκέτι ἀπελύοντο, ἀλλ᾽ ἐκ τῶν αἰδοίων ἐδέδεντο· συνεφύοντο

most part Greek. They even kissed us on the lips, and everyone that was kissed at once became reeling drunk. They did not suffer us, however, to gather any of the fruit, but cried out in pain when it was plucked. Some of them actually wanted us to embrace them, and two of my comrades complied, but could not get away again. They were held fast by the part which had touched them, for it

γὰρ καὶ συνερριζοῦντο. καὶ ἤδη αὐτοῖς κλάδοι ἐπεφύκεσαν οἱ δάκτυλοι, καὶ ταῖς ἕλιξι περιπλεκόμενοι ὅσον οὐδέπω καὶ αὐτοὶ καρποφορήσειν ἔμελλον. καταλιπόντες δὲ αὐτοὺς ἐπὶ ναῦν ἐφεύγομεν καὶ τοῖς ἀπολειφθεῖσιν διηγούμεθα ἐλθόντες τά τε ἄλλα καὶ τῶν ἑταίρων τὴν ἀμπελομιξίαν. καὶ δὴ λαβόντες ἀμφορέας τινὰς καὶ ὑδρευσάμενοί τε ἅμα καὶ ἐκ τοῦ ποταμοῦ οἰνισάμενοι καὶ αὐτοῦ πλησίον ἐπὶ τῆς ἠόνος αὐλισάμενοι ἕωθεν

had grown in and struck root. Already branches had grown from their fingers, tendrils entwined them, and they were on the point of bearing fruit like the others any minute. Leaving them in the lurch, we made off to the boat, and on getting there, told the men we had left behind about everything, including the affair of our comrades with the vines. Then, taking jars, we furnished ourselves not only with water but with wine from the river, encamped for

ἀνήχθημεν οὐ σφόδρα βιαίῳ πνεύματι.

Περὶ μεσημβρίαν δὲ οὐκέτι τῆς νήσου φαινομένης ἄφνω τυφὼν ἐπιγενόμενος καὶ περιδινήσας τὴν ναῦν καὶ μετεωρίσας ὅσον ἐπὶ σταδίους τριακοσίους οὐκέτι καθῆκεν εἰς τὸ πέλαγος, ἀλλ᾽ ἄνω μετέωρον ἐξηρτημένην ἄνεμος ἐμπεσὼν τοῖς ἱστίοις ἔφερεν κολπώσας τὴν ὀθόνην. ἑπτὰ δὲ ἡμέρας καὶ τὰς ἴσας νύκτας ἀεροδρομήσαντες, ὀγδόῃ καθορῶμεν γῆν τινα μεγάλην ἐν τῷ ἀέρι καθάπερ νῆσον, λαμπρὰν καὶ σφαιροειδῆ καὶ φωτὶ μεγάλῳ καταλαμπομένην· προσενεχθέντες δὲ αὐτῇ καὶ ὁρμισάμενοι ἀπέβημεν, ἐπισκοποῦντες δὲ τὴν χώραν εὑρίσκομεν οἰκουμένην τε καὶ γεωργουμένην. ἡμέρας μὲν οὖν οὐδὲν αὐτόθεν ἑωρῶμεν, νυκτὸς δὲ ἐπιγενομένης ἐφαίνοντο ἡμῖν καὶ ἄλλαι πολλαὶ νῆσοι πλησίον, αἱ μὲν μείζους, αἱ δὲ μικρότεραι, πυρὶ τὴν χρόαν προσεοικυῖαι, καὶ ἄλλη δέ τις γῆ κάτω, καὶ πόλεις ἐν αὐτῇ καὶ ποταμοὺς

the night on the beach close by, and at daybreak put to sea with a moderate breeze.

About noon, when the island was no longer in sight, a whirlwind suddenly arose, spun the boat about, raised her into the air about three hundred furlongs and did not let her down into the sea again; but while she was hung up aloft a wind struck her sails and drove her ahead with bellying canvas. For seven days and seven nights we sailed the air, and on the eighth day we saw a great country in it, resembling an island, bright and round and shining with a great light. Running in there and anchoring, we went ashore, and on investigating found that the land was inhabited and cultivated. By day nothing was in sight from the place, but as night came on we began to see many other islands hard by, some larger, some smaller, and they were like fire in colour. We also saw another country below, with cities in it and rivers and seas and forests and mountains.

ἔχουσα καὶ πελάγη καὶ ὕλας καὶ ὄρη. ταύτην οὖν τὴν καθ᾽ ἡμᾶς οἰκουμένην εἰκάζομεν. Δόξαν δὲ ἡμῖν καὶ ἔτι πορρωτέρω προελθεῖν, συνελήφθημεν τοῖς Ἱππογύποις παρ᾽ αὐτοῖς καλουμένοις ἀπαντήσαντες. οἱ δὲ Ἱππόγυποι οὗτοί εἰσιν

This we inferred to be our own world.

We determined to go still further inland, but we met what they call the Vulture Dragoons, and were arrested. These are men riding on large

ἄνδρες ἐπὶ γυπῶν μεγάλων ὀχούμενοι καὶ καθάπερ ἵπποις τοῖς ὀρνέοις χρώμενοι· μεγάλοι γὰρ οἱ γῦπες καὶ ὡς ἐπίπαν τρικέφαλοι. μάθοι δ᾽ ἄν τις τὸ μέγεθος αὐτῶν ἐντεῦθεν· νεὼς γὰρ μεγάλης φορτίδος ἱστοῦ ἕκαστον τῶν πτερῶν μακρότερον καὶ παχύτερον φέρουσι. τούτοις οὖν τοῖς Ἱππογύποις προστέτακται περιπετομένοις τὴν γῆν, εἴ τις εὑρεθείη ξένος, ἀνάγειν ὡς τὸν βασιλέα· καὶ δὴ καὶ ἡμᾶς συλλαβόντες ἀνάγουσιν ὡς αὐτόν. ὁ δὲ θεασάμενος καὶ ἀπὸ τῆς στολῆς εἰκάσας, Ἕλληνες ἄρα, ἔφη, ὑμεῖς, ὦ ξένοι; συμφησάντων δέ, Πῶς οὖν ἀφίκεσθε, ἔφη, τοσοῦτον

vultures and using the birds for horses. The vultures are large and for the most part have three heads: you can judge of their size from the fact that the mast of a large merchantman is not so long or so thick as the smallest of the quills they have.[1] The Vulture Dragoons are commissioned to fly about the country and bring before the king any stranger they may find, so of course they arrested us and brought us before him. When he had looked us over and drawn his conclusions from our clothes, he said: "Then you are Greeks, are you, strangers?" and when we assented, "Well,

[1] Cf. Odyss. 9, 322f.

ἀέρα διελθόντες; καὶ ἡμεῖς τὸ πᾶν αὐτῷ διηγούμεθα· καὶ ὃς ἀρξάμενος τὸ καθ᾽ αὐτὸν ἡμῖν διεξῄει, ὡς καὶ αὐτὸς ἄνθρωπος ὢν τοὔνομα Ἐνδυμίων ἀπὸ τῆς ἡμετέρας γῆς καθεύδων ἀναρπασθείη ποτὲ καὶ ἀφικόμενος βασιλεύσειε τῆς χώρας· εἶναι δὲ τὴν γῆν ἐκείνην ἔλεγε τὴν ἡμῖν κάτω φαινομένην σελήνην. ἀλλὰ θαρρεῖν τε παρεκελεύετο καὶ μηδένα κίνδυνον ὑφορᾶσθαι· πάντα γὰρ ἡμῖν παρέσεσθαι ὧν δεόμεθα. Ἢν δὲ καὶ κατορθώσω, ἔφη, τὸν πόλεμον ὃν ἐκφέρω νῦν πρὸς τοὺς τὸν ἥλιον κατοικοῦντας, ἁπάντων εὐδαιμονέστατα παρ᾽ ἐμοὶ καταβιώσεσθε. καὶ ἡμεῖς ἠρόμεθα τίνες εἶεν οἱ πολέμιοι καὶ τὴν αἰτίαν τῆς διαφορᾶς· Ὁ δὲ Φαέθων, φησίν, ὁ τῶν ἐν τῷ ἡλίῳ κατοικούντων βασιλεύς οἰκεῖται γὰρ δὴ κἀκεῖνος

how did you get here, with so much air to cross?" We told him all, and he began and told us about himself: that he too was a human being, Endymion by name, who had once been ravished from our country in his sleep, and on coming there had been made king of the land. He said that his country was the moon that shines down on us. [1] He urged us to take heart, however, and suspect no danger, for we should have everything that we required. "And if I succeed," said he, "in the war which I am now making on the people of the sun, you shall lead the happiest of lives with me." We asked who the enemy were, and what the quarrel was about. "Phaethon," said he, "the king of the inhabitants of the sun--for it is inhabited, [2]

---

[1] The story of Antonius Diogenes included a description of a trip to the moon (Phot. 111 a). Compare also Lucian's own Icaromenippus.

[2] Cf. Lactantius 3, 23, 41: "Seneca says that there have been Stoics who raised the question of ascribing to the sun a population of its own."

ὥσπερ καὶ ἡ σελήνηπολὺν
ἤδη πρὸς ἡμᾶς πολεμεῖ
χρόνον. ἤρξατο δὲ ἐξ αἰτίας
τοιαύτης· τῶν ἐν τῇ ἀρχῇ τῇ
ἐμῇ ποτε τοὺς ἀπορωτάτους
συναγαγὼν ἐβουλήθην
ἀποικίαν ἐς τὸν Ἑωσφόρον
στεῖλαι, ὄντα ἔρημον καὶ ὑπὸ
μηδενὸς κατοικούμενον· ὁ
τοίνυν Φαέθων φθονήσας
ἐκώλυσε τὴν ἀποικίαν κατὰ
μέσον τὸν πόρον ἀπαντήσας
ἐπὶ τῶν Ἱππομυρμήκων. τότε
μὲν οὖν νικηθέντεσού γὰρ
ἦμεν ἀντίπαλοι τῇ παρασκευῇ
ἀνεχωρήσαμεν· νῦν δὲ
βούλομαι αὖθις ἐξενεγκεῖν
τὸν πόλεμον καὶ ἀποστεῖλαι
τὴν ἀποικίαν. ἢν οὖν ἐθέλητε,
κοινωνήσατέ μοι τοῦ στόλου,
γῦπας δὲ ὑμῖν ἐγὼ παρέξω
τῶν βασιλικῶν ἕνα ἑκάστῳ
καὶ τὴν ἄλλην ὅπλισιν· αὔριον
δὲ ποιησόμεθα τὴν ἔξοδον.
Οὕτως, ἔφην ἐγώ, γιγνέσθω,
ἐπειδή σοι δοκεῖ.

Τότε μὲν οὖν παρ᾽ αὐτῷ
ἑστιαθέντες ἐμείναμεν, ἕωθεν
δὲ διαναστάντες ἐτασσόμεθα·
καὶ γὰρ οἱ σκοποὶ ἐσήμαινον
πλησίον εἶναι τοὺς πολεμίους.
τὸ μὲν οὖν πλῆθος τῆς
στρατιᾶς δέκα μυριάδες

you know, as well as the moon--has been at war with us for a long time now. It began in this way. Once upon a time I gathered together the poorest people in my kingdom and undertook to plant a colony on the Morning Star, which was empty and uninhabited. Phaethon out of jealousy thwarted the colonisation, meeting us half-way at the head of his Ant Dragoons. At that time we were beaten, for we were not a match for them in strength, and we retreated: now, however, I desire to make war again and plant the colony. If you wish, then, you may take part with me in the expedition and I will give each of you one of my royal vultures and a complete outfit. We shall take the field to-morrow." "Very well," said I, "since you think it best."
That night we stopped there as his guests, but at daybreak we arose and took our posts, for the scouts signalled that the enemy was near. The number of our army was a hundred thousand, apart

ἐγένοντο ἄνευ τῶν σκευοφόρων καὶ τῶν μηχανοποιῶν καὶ τῶν πεζῶν καὶ τῶν ξένων συμμάχων· τούτων δὲ ὀκτακισμύριοι μὲν ἦσαν οἱ Ἱππόγυποι, δισμύριοι δὲ οἱ ἐπὶ τῶν Λαχανοπτέρων. ὄρνεον δὲ καὶ τοῦτό ἐστι μέγιστον, ἀντὶ τῶν πτερῶν λαχάνοις πάντῃ λάσιον, τὰ δὲ ὠκύπτερα ἔχει θριδακίνης φύλλοις μάλιστα προσεοικότα. ἐπὶ δὲ τούτοις οἱ Κεγχροβόλοι τετάχατο καὶ οἱ Σκοροδομάχοι. ἦλθον δὲ αὐτῷ καὶ ἀπὸ τῆς ἄρκτου σύμμαχοι, τρισμύριοι μὲν Ψυλλοτοξόται, πεντακισμύριοι δὲ Ἀνεμοδρόμοι· τούτων δὲ οἱ μὲν Ψυλλοτοξόται ἐπὶ

from the porters, the engineers, the infantry and the foreign allies; of this total, eighty thousand were Vulture Dragoons and twenty thousand Grassplume-riders. The Grassplume is also a very large bird, which instead of plumage is all shaggy with grass and has wings very like lettuce-leaves. Next to these the Millet-shooters and the Garlic-fighters were posted. Endymion also had allies who came from the Great Bear-- thirty thousand Flea-archers and fifty thousand Volpla- neurs. The Flea-archers ride on great fleas,

ψυλλῶν μεγάλων ἱππάζονται, ὅθεν καὶ τὴν προσηγορίαν ἔχουσιν· μέγεθος δὲ τῶν ψυλλῶν ὅσον δώδεκα ἐλέφαντες· οἱ δὲ Ἀνεμοδρόμοι πεζοὶ μέν εἰσιν, φέρονται δὲ ἐν τῷ ἀέρι ἄνευ πτερῶν· ὁ δὲ τρόπος τῆς φορᾶς τοιόσδε. χιτῶνας ποδήρεις ὑπεζωσμένοι κολπώσαντες αὐτοὺς τῷ ἀνέμῳ καθάπερ ἱστία φέρονται ὥσπερ τὰ

from which they get their name; the fleas are as large as twelve elephants. The Volplaneurs are infantry, to be sure, but they fly in the air without wings. As to the manner of their flight, they pull their long tunics up through their girdles, let the baggy folds fill with wind as if they were sails, and are carried along like boats. For

σκάφη. τὰ πολλὰ δ᾽ οἱ τοιοῦτοι ἐν ταῖς μάχαις πελτασταί εἰσιν. ἐλέγοντο δὲ καὶ ἀπὸ τῶν ὑπὲρ τὴν Καππαδοκίαν ἀστέρων ἥξειν Στρουθοβάλανοι μὲν ἑπτακισμύριοι, Ἱππογέρανοι δὲ πεντακισχίλιοι. τούτους ἐγὼ οὐκ ἐθεασάμην· οὐ γὰρ ἀφίκοντο. διόπερ οὐδὲ γράψαι τὰς φύσεις αὐτῶν ἐτόλμησα· τεράστια γὰρ καὶ ἄπιστα περὶ αὐτῶν ἐλέγετο.

Αὕτη μὲν ἡ τοῦ Ἐνδυμίωνος δύναμις ἦν. σκευὴ δὲ πάντων ἡ αὐτή· κράνη μὲν ἀπὸ τῶν κυάμων, μεγάλοι γὰρ παρ᾽ αὐτοῖς οἱ ἱκύαμοι καὶ καρτεροί· θώρακες δὲ φολιδωτοὶ πάντες θέρμινοι· τὰ γὰρ λέπη τῶν θέρμων συρράπτοντες ποιοῦνται θώρακας, ἄρρηκτον δὲ ἐκεῖ γίνεται τοῦ θέρμου τὸ λέπος ὥσπερ κέρας· ἀσπίδες δὲ καὶ ξίφη οἷα τὰ Ἑλληνικά. ἐπειδὴ δὲ καιρὸς ἦν, ἐτάξαντο ὧδε· τὸ μὲν δεξιὸν κέρας εἶχον οἱ Ἱππόγυποι καὶ ὁ βασιλεὺς τοὺς ἀρίστους περὶ αὐτὸν

the most part they serve as light infantry in battle. It was said, too, that the stars over Cappadocia would send seventy thousand Sparrow-corns and five thousand Crane Dragoons. I did not get a look at them, as they did not come, so I have not ventured to write about their characteristics, for the stories about them were wonderful and incredible. [1]

These were the forces of Endymion. They all had the same equipment--helmets of beans (their beans are large and tough); scale-corselets of lupines (they sew together the skins of lupines to make the corselets, and in that country the skin of the lupine is unbreakable, like horn); shields and swords of the Greek pattern. When the time came, they took position thus; on the right wing, the Vulture Dragoons and the king, with the bravest about him (we were among them); on the left, the Grassplumes;

---

[1] Compare the reticence of Herodotus (1, 193), Thucydides (3, 113, 6), and Tacitus (Germ. 46).

ἔχων· καὶ ἡμεῖς ἐν τούτοις ἦμεν· τὸ δὲ εὐώνυμον οἱ Λαχανόπτεροι· τὸ μέσον δὲ οἱ σύμμαχοι ὡς ἑκάστοις ἐδόκει. τὸ δὲ πεζὸν ἦσαν μὲν ἀμφὶ τὰς ἑξακισχιλίας μυριάδας, ἐτάχθησαν δὲ οὕτως. ἀράχναι παρ᾽ αὐτοῖς πολλοὶ καὶ μεγάλοι γίγνονται, πολὺ τῶν Κυκλάδων νήσων ἕκαστος μείζων. τούτοις

in the centre, the allies, in whatever formation they liked. The infantry came to about sixty million, and was deployed as follows. Spiders in that country are numerous and large, all of them far larger than the Cyclades islands. They were

προσέταξεν διυφῆναι τὸν μεταξὺ τῆς σελήνης καὶ τοῦ Ἑωσφόρου ἀέρα. ὡς δὲ τάχιστα ἐξειργάσαντο καὶ πεδίον ἐποίησαν, ἐπὶ τούτου παρέταξε τὸ πεζόν· ἡγεῖτο δὲ αὐτῶν Νυκτερίων ὁ Εὐδιάνακτος τρίτος αὐτός.
Τῶν δὲ πολεμίων τὸ μὲν εὐώνυμον εἶχον οἱ Ἱππομύρμηκες καὶ ἐν αὐτοῖς ὁ Φαέθων· θηρία δέ ἐστι μέγιστα, ὑπόπτερα, τοῖς παρ᾽ ἡμῖν μύρμηξι προσεοικότα πλὴν τοῦ μεγέθους· ὁ γὰρ μέγιστος αὐτῶν καὶ δίπλεθρος ἦν. ἐμάχοντο δὲ οὐ μόνον οἱ ἐπ᾽ αὐτῶν, ἀλλὰ καὶ αὐτοὶ μάλιστα τοῖς κέρασιν·

commissioned by the king to span the air between the Moon and the Morning Star with a web, and as soon as they had finished and had made a plain, he deployed his infantry on it. Their leaders were Owlett son of Fair-weather, and two others.
As to the enemy, on the left were the Ant Dragoons, with whom was Phaethon. They are very large beasts with wings, like the ants that we have, except in size: the largest one was two hundred feet long.[1] They themselves fought, as well as their riders, and made especially good use of their feelers. They were

---

[1] Herodotus (3, 102) tells of ants bigger than foxes.

ἐλέγοντο δὲ οὗτοι εἶναι ἀμφὶ τὰς πέντε μυριάδας. ἐπὶ δὲ τοῦ δεξιοῦ αὐτῶν ἐτάχθησαν οἱ Ἀεροκώνωπες, ὄντες καὶ οὗτοι ἀμφὶ τὰς πέντε μυριάδας, πάντες τοξόται κώνωψι μεγάλοις ἐποχούμενοι· μετὰ δὲ τούτους οἱ Ἀεροκόρδακες, ψιλοί τε ὄντες καὶ πεζοί, πλὴν μάχιμοί γε καὶ οὗτοι· πόρρωθεν γὰρ ἐσφενδόνων ῥαφανῖδας ὑπερμεγέθεις, καὶ ὁ βληθεὶς οὐδὲ ὀλίγον ἀντέχειν ἐδύνατο, ἀπέθνησκε δὲ δυσωδίας τινὸς τῷ τραύματι ἐγγινομένης· ἐλέγοντο δὲ χρίειν τὰ βέλη μαλάχης ἰῷ. ἐχόμενοι δὲ αὐτῶν ἐτάχθησαν οἱ Καυλομύκητες, ὁπλῖται ὄντες καὶ ἀγχέμαχοι, τὸ πλῆθος μύριοι· ἐκλήθησαν δὲ Καυλομύκητες, ὅτι ἀσπίσι μὲν μυκητίναις ἐχρῶντο, δόρασι δὲ καυλίνοις τοῖς ἀπὸ τῶν ἀσπαράγων. πλησίον δὲ αὐτῶν οἱ Κυνοβάλανοι ἔστησαν, οὓς ἔπεμψαν αὐτῷ οἱ τὸν Σείριον κατοικοῦντες, πεντακισχίλιοι [καὶ οὗτοι]

said to number about fifty thousand. On their right were posted the Sky-mosquitoes, numbering also about fifty thousand, all archers riding on large mosquitoes. Next to them were the Sky-dancers, a sort of light infantry, formidable however, like all the rest, for they slung radishes at long range, and any man that they hit could not hold out a moment, but died, and his wound was malodorous. They were said to anoint their missiles with mallow poison. Beside them were posted the Stalk-mushrooms, heavy infantry employed at close quarters, ten thousand in number. They had the name Stalk-mushrooms because they used mushrooms for shields and stalks of asparagus for spears. Near them stood the Puppycorns, who were sent him by the inhabitants of the Dog-star, five thousand dog-faced men who fight on the back of winged acorns. [1]

[1] Herodotus (4, 191) tells of dog-headed men and of headless men with eyes in their breasts.

ἄνδρες κυνοπρόσωποι ἐπὶ
βαλάνων

πτερωτῶν μαχόμενοι.
ἐλέγοντο δὲ κἀκείνῳ
ὑστερίζειν τῶν συμμάχων οὕς
τε ἀπὸ τοῦ Γαλαξίου
μετεπέμπετο σφενδονήτας
καὶ οἱ νεφελοκένταυροι. ἀλλ᾽
ἐκεῖνοι μὲν τῆς μάχης ἤδη
κεκριμένης ἀφίκοντο, ὡς
μήποτε ὤφελον· οἱ
σφενδονῆται δὲ οὐδὲ ὅλως
παρεγένοντο, διόπερ φασὶν
ὕστερον αὐτοῖς ὀργισθέντα
τὸν φαέθοντα πυρπολῆσαι
τὴν χώραν.
Τοιαύτη μὲν καὶ ὁ φαέθων
ἐπῄει παρασκευῇ.
συμμίξαντες δὲ ἐπειδὴ τὰ
σημεῖα ἤρθη καὶ ὠγκήσαντο
ἑκατέρων οἱ ὄνοιτούτοις γὰρ
ἀντὶ σαλπιστῶν
χρῶνταιἐμάχοντο. καὶ τὸ μὲν
εὐώνυμον τῶν Ἡλιωτῶν
αὐτίκα ἔφυγε οὐδ᾽ εἰς χεῖρας
δεξάμενον τοὺς Ἱππογύπους,
καὶ ἡμεῖς εἱπόμεθα κτείνοντες·
τὸ δεξιὸν δὲ αὐτῶν ἐκράτει
τοῦ ἐπὶ τῷ ἡμετέρῳ
εὐωνύμου, καὶ ἐπεξῆλθον οἱ
Ἀεροκώνωπες διώκοντες ἄχρι
πρὸς τοὺς πεζούς. ἐνταῦθα δὲ

It was said that there were
tardy allies in Phaethon's case,
too--the slingers whom he had
summoned from the Milky
Way, and the Cloud-centaurs.
The latter to be sure, arrived
just after the battle was over
(if only they had not!); but the
slingers did not put in an
appearance at all. On account
of this, they say, Phaethon was
furious with them and
afterwards ravaged their
country with fire.
This, then, was the array with
which Phaethon came on.
Joining battle when the flags
had been flown and the
donkeys on both sides had
brayed (for they had donkeys
for trumpeters), they fought.
The left wing of the Sunites
fled at once, without even
receiving the charge of the
Vulture Horse, and we
pursued, cutting them down.
But their right wing got the
better of the left on our side,
and the Sky-mosquitoes
advanced in pursuit right up to
the infantry. Then, when the

κἀκείνων ἐπιβοηθούντων ἔφυγον ἐγκλίναντες, καὶ μάλιστα ἐπεὶ ᾔσθοντο τοὺς ἐπὶ τῷ εὐωνύμῳ σφῶν νενικημένους. τῆς δὲ τροπῆς λαμπρᾶς γεγενημένης πολλοὶ μὲν ζῶντες ἡλίσκοντο, πολλοὶ δὲ καὶ ἀνηροῦντο, καὶ τὸ αἷμα ἔρρει πολὺ μὲν ἐπὶ τῶν νεφῶν, ὥστε αὐτὰ βάπτεσθαι καὶ ἐρυθρὰ φαίνεσθαι, οἷα παρ᾽ ἡμῖν δυομένου τοῦ ἡλίου φαίνεται, πολὺ δὲ καὶ εἰς τὴν γῆν κατέσταζεν, ὥστε με εἰκάζειν μὴ ἄρα τοιούτου τινὸς καὶ πάλαι ἄνω γενομένου Ὅμηρος ὑπέλαβεν αἵματι ὗσαι τὸν Δία ἐπὶ τῷ τοῦ Σαρπηδόνος θανάτῳ.
Ἀναστρέψαντες δὲ ἀπὸ τῆς διώξεως δύο τρόπαια ἐστήσαμεν, τὸ μὲν ἐπὶ τῶν ἀραχνίων τῆς πεζομαχίας, τὸ δὲ τῆς ἀερομαχίας ἐπὶ τῶν

infantry came to the rescue, they broke and fled, especially as they saw that the forces on their left had been defeated. It was a glorious victory, in which many were taken alive and many were slain; so much blood flowed on the clouds that they were dyed and looked red, as they do in our country when the sun is setting, and so much also dripped down on the earth that I wonder whether something of the sort did not take place in the sky long ago, when Homer supposed that Zeus had sent a rain of blood on account of the death of Sarpedon. [1]
When we had returned from the pursuit we set up two trophies, one on the spider-webs for the infantry battle and the other, for the sky battle, on the clouds.

νεφῶν. ἄρτι δὲ τούτων γινομένων ἠγγέλλοντο ὑπὸ τῶν σκοπῶν οἱ νεφελοκένταυροι προσελαύνοντες, οὓς ἔδει

We were just doing this when the scouts reported that the Cloud-centaurs, who should have come to Phaethon's aid before the battle, were

---

[1] Il. 16, 459.

πρὸ τῆς μάχης ἐλθεῖν τῷ φαέθοτι. καὶ δὴ ἐφαίνοντο προσιόντες, θέαμα παραδοξότατον, ἐξ ἵππων πτερωτῶν καὶ ἀνθρώπων συγκείμενοι· μέγεθος δὲ τῶν μὲν ἀνθρώπων ὅσον τοῦ ῥοδίων κολοσσοῦ ἐξ ἡμισείας ἐς τὸ ἄνω, τῶν δὲ ἵππων ὅσον νεὼς μεγάλης φορτίδος. τὸ μέντοι πλῆθος αὐτῶν οὐκ ἀνέγραψα, μή τῳ καὶ ἄπιστον δόξῃ τοσοῦτον ἦν. ἡγεῖτο δὲ αὐτῶν ὁ ἐκ τοῦ ζῳδιακοῦ τοξότης. ἐπεὶ δὲ ᾔσθοντο τοὺς φίλους νενικημένους, ἐπὶ μὲν τὸν φαέθοντα ἔπεμπον ἀγγελίαν αὖθις ἐπιέναι, αὐτοὶ δὲ διαταξάμενοι τεταραγμένοις ἐπιπίπτουσι τοῖς σεληνίταις, ἀτάκτως περὶ τὴν δίωξιν καὶ τὰ λάφυρα διεσκεδασμένοις· καὶ πάντας μὲν τρέπουσιν, αὐτὸν δὲ τὸν βασιλέα καταδιώκουσι πρὸς τὴν πόλιν καὶ τὰ πλεῖστα τῶν ὀρνέων αὐτοῦ κτείνουσιν· ἀνέσπασαν δὲ καὶ τὰ τρόπαια καὶ κατέδραμον ἅπαν τὸ ὑπὸ τῶν ἀραχνῶν πεδίον ὑφασμένον, ἐμὲ δὲ καὶ δύο τινὰς τῶν ἑταίρων ἐζώγρησαν. ἤδη δὲ παρῆν καὶ ὁ φαέθων

advancing on us. Before we knew it, they were coming on in plain sight, a most unparalleled spectacle, being a combination of winged horses and men. In size the men were as large as the Colossus of Rhodes from the waist up, and the horses were as large as a great merchantman. Their number, however, I leave unrecorded for fear that someone may think it incredible, it was so great. Their leader was the Archer from the Zodiac. When they saw that their friends had been defeated, they sent word to Phaethon to advance again, and then, on their own account, in regular formation fell on the disordered Moonites, who had broken ranks and scattered to pursue and to plunder. They put them all to flight, pursued the king himself to the city and killed most of his birds; they plucked up the trophies and overran the whole plain woven by the spiders, and they captured me with two of my comrades. By this time Phaethon too was present, and other trophies

καὶ αὖθις ἄλλα τρόπαια ὑπ᾽ ἐκείνων ἵστατο.

Ἡμεῖς μὲν οὖν ἀπηγόμεθα ἐς τὸν ἥλιον αὐθημερὸν τὼ χεῖρε ὀπίσω δεθέντες ἀραχνίου ἀποκόμματι. οἱ δὲ πολιορκεῖν μὲν οὐκ ἔγνωσαν τὴν πόλιν, ἀναστρέψαντες δὲ τὸ μεταξὺ τοῦ ἀέρος ἀπετείχιζον, ὥστε μηκέτι τὰς αὐγὰς ἀπὸ τοῦ ἡλίου πρὸς τὴν σελήνην διήκειν. τὸ δὲ τεῖχος ἦν διπλοῦν, νεφελωτόν· ὥστε σαφὴς ἔκλειψις τῆς σελήνης ἐγεγόνει καὶ νυκτὶ διηνεκεῖ πᾶσα κατείχετο.

were being set up by their side.

As for us, we were taken off to the sun that day, our hands tied behind our backs with a section of spider-web. The enemy decided not to lay siege to the city, but on their way back they built a wall through the air, so that the rays of the sun should no longer reach the moon. The wall was double, made of cloud, so that a genuine eclipse of the moon took place, and she was completely enshrouded

πιεζόμενος δὲ τούτοις ὁ ἐνδυμίων πέμψας ἱκέτευε καθαιρεῖν τὸ οἰκοδόμημα καὶ μὴ σφᾶς περιορᾶν ἐν σκότῳ βιοτεύοντας, ὑπισχνεῖτο δὲ καὶ φόρους τελέσειν καὶ σύμμαχος ἔσεσθαι καὶ μηκέτι πολεμήσειν, καὶ ὁμήρους ἐπὶ τούτοις δοῦναι ἤθελεν. οἱ δὲ περὶ τὸν Φαέθοντα γενομένης δὶς ἐκκλησίας τῇ προτεραίᾳ μὲν οὐδὲν παρέλυσαν τῆς ὀργῆς, τῇ ὑστεραίᾳ δὲ μετέγνωσαν, καὶ ἐγένετο ἡ

in unbroken night. Hard pressed by this, Endymion sent and begged them to pull down the construction and not let them lead their lives in darkness. He promised to pay tribute, to be an ally and not to make war again, and volunteered to give hostages for all this. Phaethon and his people held two assemblies; on the first day they did not lay aside a particle of their anger, but on the second day they softened,

εἰρήνη ἐπὶ τούτοις· Κατὰ τάδε συνθήκας ἐποιήσαντο Ἡλιῶται καὶ οἱ σύμμαχοι πρὸς Σεληνίτας καὶ τοὺς συμμάχους, ἐπὶ τῷ καταλῦσαι μὲν Ἡλιώτας τὸ διατείχισμα καὶ μηκέτι ἐς τὴν σελήνην ἐσβάλλειν, ἀποδοῦναι δὲ καὶ τοὺς αἰχμαλώτους ῥητοῦ ἕκαστον χρήματος, τοὺς δὲ Σεληνίτας ἀφεῖναι μὲν αὐτονόμους τούς γε ἄλλους ἀστέρας, ὅπλα δὲ μὴ ἐπιφέρειν τοῖς Ἡλιώταις, συμμαχεῖν δὲ τῇ ἀλλήλων, ἤν τις ἐπίῃ· φόρον δὲ ὑποτελεῖν ἑκάστου ἔτους τὸν βασιλέα τῶν Σεληνιτῶν τῷ βασιλεῖ τῶν Ἡλιωτῶν δρόσου ἀμφορέας μυρίους, καὶ ὁμήρους δὲ σφῶν αὐτῶν δοῦναι μυρίους, τὴν δὲ ἀποικίαν τὴν ἐς τὸν Ἑωσφόρον κοινῇ ποιεῖσθαι, καὶ μετέχειν τῶν ἄλλων τὸν βουλόμενον· ἐγγράψαι δὲ τὰς συνθήκας στήλῃ ἠλεκτρίνῃ καὶ ἀναστῆσαι ἐν μέσῳ τῷ ἀέρι ἐπὶ τοῖς μεθορίοις. ὤμοσαν δὲ Ἡλιωτῶν μὲν Πυρωνίδης καὶ Θερείτης καὶ

and the peace was made on these terms: [1]
On the following conditions the Sunites and their allies make peace with the Moonites and their allies, to wit:
That the Sunites tear down the dividing-wall and do not invade the moon again, and that they make over the prisoners of war, each at a set ransom;
That the Moonites permit the stars to be autonomous, and do not make war on the Sunites;
That each country aid the other if it be attacked;
That in yearly tribute the King of the Moonites pay the King of the Sunites ten thousand gallons of dew, and that he give ten thousand of his people as hostages;
That the colony on the Morning Star be planted in common, and that anyone else who so desires may take part in it;
That the treaty be inscribed on a slab of electrum and set up in mid-air, on the common

---

[1] Compare the Athenian-Spartan treaty, Thuc. 5, 18.

Φλόγιος, Σεληνιτῶν δὲ Νύκτωρ καὶ Μήνιος καὶ Πολυλάμπης.

confines. Attested under hand and seal.

(For the Sunites)	(For the Moonites)
Firebrace	Darkling
Parcher	Moony
Burns	Allbright

Τοιαύτη μὲν ἡ εἰρήνη ἐγένετο· εὐθὺς δὲ τὸ τεῖχος καθῃρεῖτο καὶ ἡμᾶς τοὺς αἰχμαλώτους ἀπέδοσαν. ἐπεὶ δὲ ἀφικόμεθα ἐς τὴν σελήνην, ὑπηντίαζον ἡμᾶς καὶ ἠσπάζοντο μετὰ δακρύων οἵ τε ἑταῖροι καὶ ὁ Ἐνδυμίων αὐτός. καὶ ὁ μὲν ἠξίου μεῖναί τε παρ᾽ αὐτῷ καὶ κοινωνεῖν τῆς ἀποικίας, ὑπισχνούμενος δώσειν πρὸς γάμον τὸν ἑαυτοῦ παῖδα· γυναῖκες γὰρ οὐκ εἰσὶ παρ᾽ αὐτοῖς. ἐγὼ δὲ οὐδαμῶς ἐπειθόμην, ἀλλ᾽ ἠξίουν ἀποπεμφθῆναι κάτω ἐς τὴν θάλατταν. ὡς δὲ ἔγνω ἀδύνατον ὂν πείθειν, ἀποπέμπει ἡμᾶς ἑστιάσας ἑπτὰ ἡμέρας. Ἃ δὲ ἐν τῷ μεταξὺ διατρίβων ἐν τῇ σελήνῃ κατενόησα

On those terms peace was made, and then the wall was torn down at once and we prisoners were restored. When we reached the moon we were met and tearfully welcomed by our comrades and by Endymion himself. He wanted me to stay with him and join the colony, promising to give me his own son in marriage--there are no women in their country. But I was not to be persuaded; I asked him to let me go down to the sea. When he perceived that he could not prevail on me, he let us go after entertaining us for seven days.

In the interval, while I was living on the moon, I observed some strange and wonderful

καινὰ καὶ παράδοξα, ταῦτα βούλομαι εἰπεῖν. πρῶτα μὲν τὸ μὴ ἐκ γυναικῶν γεννᾶσθαι αὐτούς, ἀλλ᾽ ἀπὸ τῶν ἀρρένων· γάμοις γὰρ τοῖς ἄρρεσι χρῶνται καὶ οὐδὲ ὄνομα γυναικὸς ὅλως ἴσασι. μέχρι μὲν οὖν πέντε καὶ εἴκοσι ἐτῶν γαμεῖται ἕκαστος, ἀπὸ δὲ τούτων γαμεῖ αὐτός· κύουσι δὲ οὐκ ἐν τῇ νηδύϊ, ἀλλ᾽ ἐν ταῖς γαστροκνημίαις· ἐπειδὰν γὰρ συλλάβῃ τὸ ἔμβρυον, παχύνεται ἡ κνήμη, καὶ χρόνῳ ὕστερον ἀνατεμόντες ἐξάγουσι νεκρά, ἐκθέντες δὲ αὐτὰ πρὸς τὸν ἄνεμον κεχηνότα ζωοποιοῦσιν. δοκεῖ δέ μοι καὶ ἐς τοὺς Ἕλληνας ἐκεῖθεν ἥκειν τῆς γαστροκνημίας τοὔνομα, ὅτι παρ᾽ ἐκείνοις ἀντὶ γαστρὸς κυοφορεῖ. μεῖζον δὲ τούτου ἄλλο διηγήσομαι. γένος ἐστὶ παρ᾽ αὐτοῖς ἀνθρώπων οἱ καλούμενοι Δενδρῖται, γίνεται δὲ τὸν τρόπον τοῦτον. ὄρχιν ἀνθρώπου τὸν δεξιὸν ἀποτεμόντες ἐν γῇ φυτεύουσιν, ἐκ δὲ αὐτοῦ

things that I wish to speak of. In the first place there is the fact that they are not born of women but of men: they marry men and do not even know the word woman at all! Up to the age of twenty-five each is a wife, and thereafter a husband. They carry their children in the calf of the leg instead of the belly. When conception takes place the calf begins to swell. In course of time they cut it open and deliver the child dead, and then they bring it to life by putting it in the wind with its mouth open. It seems to me that the term "belly of the leg" [1] came to us Greeks from there, since the leg performs the function of a belly with them. But I will tell you something else, still more wonderful. They have a kind of men whom they call the Arboreals, who are brought into the world as follows: Exsecting a man's right genital gland, they plant it in the ground. From it grows a very large tree of

---

[1] I.e. calf of the leg.

δένδρον

ἀναφύεται μέγιστον, σάρκινον, οἷον φαλλός· ἔχει δὲ καὶ κλάδους καὶ φύλλα· ὁ δὲ καρπός ἐστι βάλανοι πηχυαῖοι τὸ μέγεθος. ἐπειδὰν οὖν πεπανθῶσιν, τρυγήσαντες αὐτὰς ἐκκολάπτουσι τοὺς ἀνθρώπους. αἰδοῖα μέντοι πρόσθετα ἔχουσιν, οἱ μὲν ἐλεφάντινα, οἱ δὲ πένητες αὐτῶν ξύλινα, καὶ διὰ τούτων ὀχεύουσι καὶ πλησιάζουσι τοῖς γαμέ-ταις τοῖς ἑαυτῶν. ἐπειδὰν δὲ γηράσῃ ὁ ἄνθρωπος, οὐκ ἀποθνήσκει, ἀλλ᾽ ὥσπερ καπνὸς διαλυόμενος ἀὴρ γίνεται. τροφὴ δὲ πᾶσιν ἡ αὐτή· ἐπειδὰν γὰρ πῦρ ἀνακαύσωσιν, βατράχους ὀπτῶσιν ἐπὶ τῶν ἀνθράκων· πολλοὶ δὲ παρ᾽ αὐτοῖς εἰσιν ἐν τῷ ἀέρι πετόμενοι· ὀπτωμένων δὲ περικαθεσθέντες ὥσπερ δὴ περὶ τράπεζαν κάπτουσιν τὸν ἀναθυμιώμενον καπνὸν καὶ εὐωχοῦνται. σίτῳ μὲν δὴ τρέφονται τοιούτῳ· ποτὸν δὲ αὐτοῖς ἐστιν ἀὴρ ἀποθλιβόμενος εἰς κύλικα καὶ

flesh, resembling the emblem of Priapus: it has branches and leaves, and its fruit is acorns a cubit thick. When these ripen, they harvest them and shell out the men. Another thing, they have artificial parts that are sometimes of ivory and sometimes, with the poor, of wood, and make use of them in their intercourse. When a man grows old, he does not die, but is dissolved like smoke and turns into air. They all eat the same food; they light a fire and cook frogs on the coals--they have quantities of frogs, that fly about in the air--and while they are cooking, they sit about them as if at table, snuff up the rising smoke and gorge themselves. [1] This is the food they eat, and their drink is air, which is squeezed into a cup and yields a liquid like dew. They are not subject to calls of nature, which, in fact, they have no means of

---

[1] Cf. Herod. 1, 202; 4, 75; Strabo 15, 1, 57.

ὑγρὸν ἀνιεὶς ὥσπερ δρόσον.
οὐ μὴν ἀπουροῦσίν γε καὶ
ἀφοδεύουσιν, ἀλλ᾽ οὐδὲ
τέτρηνται ᾗπερ ἡμεῖς, οὐδὲ τὴν
συνουσίαν οἱ παῖδες ἐν ταῖς
ἕδραις παρέχουσιν, ἀλλ᾽ ἐν
ταῖς ἰγνύσιν ὑπὲρ τὴν
γαστροκνημίαν· ἐκεῖ γάρ εἰσι
τετρημένοι.
Καλὸς δὲ νομίζεται παρ᾽ αὐτοῖς
ἤν πού τις φαλακρὸς καὶ
ἄκομος ᾖ, τοὺς δὲ κομήτας καὶ
μυσάττονται. ἐπὶ δὲ τῶν
κομητῶν ἀστέρων τοὐναντίον
τοὺς κομήτας καλοὺς
νομίζουσιν· ἐπεδήμουν γάρ
τινες, οἳ καὶ περὶ ἐκείνων
διηγοῦντο. καὶ μὴν καὶ γένεια
φύουσιν μικρὸν ὑπὲρ τὰ
γόνατα. καὶ ὄνυχας ἐν τοῖς
ποσὶν οὐκ ἔχουσιν, ἀλλὰ
πάντες εἰσὶν μονοδάκτυλοι.
ὑπὲρ δὲ τὰς πυγὰς ἑκάστῳ
αὐτῶν κράμβη ἐκπέφυκε
μακρὰ ὥσπερ οὐρά, θάλλουσα
ἐς ἀεὶ καὶ ὑπτίου ἀναπίπτοντος
οὐ

answering. Another impor-
tant function, too, is not
provided for as one would
expect, but in the hollow of
the knee.

A man is thought beautiful in
that country if he is bald and
hairless, and they quite
detest longhaired people. It is
different on the comets,
where they think long-haired
people beautiful--there were
visitors in the moon who told
us about them.[1] Another
point-they have beards that
grow a little above the knee,
and they have no toe-nails,
but arc all single-toed. Over
each man's rump grows a
long cabbage-leaf, like a tail,
which is always green and

κατακλωμένη. ἀπομύττονται
δὲ μέλι δριμύτατον· κἀπειδὰν

does not break if he falls on his
back. Their noses run honey of

---

[1] The point of this is that κομήτης, whence our word cornet, means
long-haired.

ἢ πονῶσιν ἢ γυμνάζωνται, γάλακτι πᾶν τὸ σῶμα ἱδροῦσιν, ὥστε καὶ τυροὺς ἀπ' αὐτοῦ πήγνυνται, ὀλίγον τοῦ μέλιτος ἐπιστάξαντες· ἔλαιον δὲ ποιοῦνται ἀπὸ τῶν κρομμύων πάνυ λιπαρόν τε καὶ εὐῶδες ὥσπερ μύρον. ἀμπέλους δὲ πολλὰς ἔχουσιν ὑδροφόρους· αἱ γὰρ ῥᾶγες τῶν βοτρύων εἰσὶν ὥσπερ χάλαζα, καί, ἐμοὶ δοκεῖν, ἐπειδὰν ἐμπεσὼν ἄνεμος διασείσῃ τὰς ἀμπέλους ἐκείνας, τότε πρὸς ἡμᾶς καταπίπτει ἡ χάλαζα διαρραγέντων τῶν βοτρύων. τῇ μέντοι γαστρὶ ὅσα πήρᾳ χρῶνται τιθέντες ἐν αὐτῇ ὅσων δέονται· ἀνοικτὴ γὰρ αὐτοῖς αὕτη καὶ πάλιν κλειστή ἐστιν· ἐντέρων δὲ οὐδὲν ὑπάρχειν αὐτῇ φαίνεται, ἢ τοῦτο μόνον, ὅτι δασεῖα πᾶσα ἔντοσθε καὶ λάσιός ἐστιν, ὥστε καὶ τὰ νεογνά, ἐπειδὰν ῥιγώσῃ, ἐς ταύτην ὑποδύεται. Ἐσθὴς δὲ τοῖς μὲν πλουσίοις ὑαλίνη μαλθακή, τοῖς πένησι δὲ χαλκῆ ὑφαντή· πολύχαλκα γὰρ τὰ ἐκεῖ χωρία, καὶ

great pungency, and when they work or take exercise, they sweat milk all over their bodies, of such quality that cheese can actually be made from it by dripping in a little of the honey. They make oil from onions, and it is very clear and sweet-smelling, like myrrh. They have many water-vines, the grapes of which are like hailstones, and to my thinking, the hail that falls down on us is due to the bursting of the bunches when a wind strikes and shakes those vines. They use their bellies for pockets, putting into them anything they have use for, as they can open and shut them. These parts do not seem to have any intestines in them or anything else, except that they are all shaggy and hairy inside, so that the children enter them when it is cold.

The clothing of the rich is malleable glass [1] and that of the poor, spun bronze; for that region is rich in bronze, which they work like wool by wetting it with water. I am reluctant to tell

---

[1] Lucian's glass clothing (ὑαλίνη) is a punning parody on wooden clothing (ξυλίνη), i.e. cotton (Herod. 7, 65).

ἐργάζονται τὸν χαλκὸν ὕδατι
ὑποβρέξαντες ὥσπερ τὰ ἔρια.
περὶ μέντοι τῶν ὀφθαλμῶν,
οἵους ἔχουσιν, ὀκνῶ μὲν εἰπεῖν,
μή τίς με νομίσῃ ψεύδεσθαι
διὰ τὸ ἄπιστον τοῦ λόγου.
ὅμως δὲ καὶ τοῦτο ἐρῶ· τοὺς
ὀφθαλμοὺς   περιαιρετοὺς
ἔχουσι, καὶ ὁ βουλόμενος
ἐξελὼν τοὺς αὑτοῦ φυλάττει
ἔστ᾽ ἂν δεηθῇ ἰδεῖν· οὕτω δὲ
ἐνθέμενος ὁρᾷ· καὶ πολλοὶ
τοὺς σφετέρους ἀπολέσαντες
παρ᾽   ἄλλων   χρησάμενοι
ὁρῶσιν. εἰσὶ δ᾽ οἳ καὶ πολλοὺς
ἀποθέτους ἔχουσιν,

you what sort of eyes they have,
for fear that you may think me
lying on account of the
incredibility of the story, but I
will tell you, notwithstanding.
The eyes that they have are
removable, and whenever they
wish they take them out and put
them away until they want to
see: then they put them in and
look. Many, on losing their own,
borrow other people's to see
with, and the rich folk keep a
quantity

οἱ πλούσιοι. τὰ ὦτα δὲ
πλατάνων φύλλα ἐστὶν αὐτοῖς
πλήν γε τοῖς ἀπὸ τῶν βαλάνων·
ἐκεῖνοι γὰρ μόνοι ξύλινα
ἔχουσιν. καὶ μὴν καὶ ἄλλο
θαῦμα ἐν τοῖς βασιλείοις
ἐθεασάμην·   κάτοπτρον
μέγιστον κεῖται ὑπὲρ φρέατος
οὐ πάνυ βαθέος. ἂν μὲν οὖν εἰς
τὸ φρέαρ καταβῇ τις, ἀκούει
πάντων τῶν παρ᾽ ἡμῖν ἐν τῇ γῇ
λεγομένων, ἐὰν δὲ εἰς τὸ
κάτοπτρον ἀποβλέψῃ, πάσας
μὲν πόλεις, πάντα δὲ ἔθνη ὁρᾷ

stored up. [1] For ears they have
plane-leaves, except only the
acorn-men, who have wooden
ones. In the royal purlieus I saw
another marvel. A large
looking-glass is fixed above a
well, which is not very deep. If
a man goes down into the well,
he hears everything that is said
among us on earth, and if he
looks into the looking-glass he
sees every city and every
country just as if he were
standing over it. When I tried it

---

[1] Compare the story of the Graeae.

ὥσπερ ἐφεστὼς ἑκάστοις· τότε καὶ τοὺς οἰκείους ἐγὼ ἐθεασάμην καὶ πᾶσαν τὴν πατρίδα, εἰ δὲ κἀκεῖνοι ἐμὲ ἑώρων, οὐκέτι ἔχω τὸ ἀσφαλὲς εἰπεῖν. ὅστις δὲ ταῦτα μὴ πιστεύει οὕτως ἔχειν, ἄν ποτε καὶ αὐτὸς ἐκεῖσε ἀφίκηται, εἴσεται ὡς ἀληθῆ λέγω.

Τότε δ᾽ οὖν ἀσπασάμενοι τὸν βασιλέα καὶ τοὺς ἀμφ᾽ αὐτόν, ἐμβάντες ἀνήχθημεν· ἐμοὶ δὲ καὶ δῶρα ἔδωκεν ὁ Ἐνδυμίων, δύο μὲν τῶν ὑαλίνων χιτώνων, πέντε δὲ χαλκοῦς, καὶ πανοπλίαν θερμίνην, ἃ πάντα ἐν τῷ κήτει κατέλιπον. συνέπεμψε δὲ ἡμῖν καὶ Ἱππογύπους χιλίους παραπέμψοντας ἄχρι σταδίων πεντακοσίων. ἐν δὲ τῷ παράπλῳ πολλὰς μὲν καὶ ἄλλας χώρας παρημείψαμεν, προσέσχομεν δὲ καὶ τῷ Ἑωσφόρῳ ἄρτι συνοικιζομένῳ, καὶ ἀποβάντες ὑδρευσάμεθα. ἐμβάντες δὲ εἰς τὸν ζῳδιακὸν ἐν ἀριστερᾷ παρειμεν τὸν ἥλιον, ἐν χρῷ τὴν γῆν παραπλέοντες· οὐ γὰρ ἀπέβημεν καίτοι πολλὰ τῶν ἑταίρων ἐπιθυμούντων, ἀλλ᾽ ὁ ἄνεμος οὐκ ἐφῆκεν. ἐθεώμεθα

I saw my family and my whole native land, but I cannot go further and say for certain whether they also saw me. Anyone who does not believe this is so will find, if ever he gets there himself, that I am telling the truth.

To go back to my story, we embraced the king and his friends, went aboard, and put off. Endymion even gave me presents--two of the glass tunics, five of bronze, and a suit of lupine armour--but I left them all behind in the whale. He also sent a thousand Vulture Dragoons with us to escort us for sixty miles. On our way we passed many countries and put in at the Morning Star, which was just being colonised. We landed there and procured water. Going aboard and making for the zodiac, we passed the sun to port, hugging the shore. We did not land, though many of my comrades wanted to; for the wind was unfavourable. But we saw that the country was green and fertile and well-watered, and full of untold good things. On seeing us, the Cloud-centaurs,

μέντοι τὴν χώραν εὐθαλῆ τε καὶ πίονα καὶ εὔυδρον καὶ πολλῶν ἀγαθῶν μεστήν. ἰδόντες δ᾽ ἡμᾶς οἱ Νεφελοκένταυροι, μισθοφοροῦντες παρὰ τῷ Φαέθοντι, ἐπέπτησαν

who had entered the service of Phaethon,

ἐπὶ τὴν ναῦν, καὶ μαθόντες ἐνσπόνδους ἀνεχώρησαν. ἤδη δὲ καὶ οἱ Ἱππόγυποι ἀπεληλύθεσαν.
Πλεύσαντες δὲ τὴν ἐπιοῦσαν νύκτα καὶ ἡμέραν, περὶ ἑσπέραν ἀφικόμεθα ἐς τὴν Λυχνόπολιν καλουμένην, ἤδη τὸν κάτω πλοῦν διώκοντες. ἡ δὲ πόλις αὕτη κεῖται μεταξὺ τοῦ Πλειάδων καὶ τοῦ Ὑάδων ἀέρος, ταπεινοτέρα μέντοι πολὺ τοῦ ζῳδιακοῦ. ἀποβάντες δὲ ἄνθρωπον μὲν οὐδένα εὕρομεν, λύχνους δὲ πολλοὺς περιθέοντας καὶ ἐν τῇ ἀγορᾷ καὶ περὶ τὸν λιμένα διατρίβοντας, τοὺς μὲν μικροὺς καὶ ὥσπερ πένητας, ὀλίγους δὲ τῶν μεγάλων καὶ δυνατῶν πάνυ λαμπροὺς καὶ περιφανεῖς. οἰκήσεις δὲ αὐτοῖς καὶ λυχνεῶνες ἰδίᾳ ἑκάστῳ πεποίηντο, καὶ αὐτοὶ ὀνόματα εἶχον, ὥσπερ οἱ ἄνθρωποι, καὶ

flew up to the ship and then went away again when they found out that the treaty protected us. The Vulture Dragoons had already left us. Sailing the next night and day we reached Lamp-town toward evening, already being on our downward way. This city lies in the air midway between the Pleiades and the Hyades, though much lower than the Zodiac. On landing, we did not find any men at all, but a lot of lamps running about and loitering in the public square and at the harbour. Some of them were small and poor, so to speak: a few, being great and powerful, were very splendid and conspicuous. Each of them has his own house, or sconce, they have names like men, and we heard them talking. They offered us no

φωνὴν προϊεμένων ἠκούομεν, καὶ οὐδὲν ἡμᾶς ἠδίκουν, ἀλλὰ καὶ ἐπὶ ξένια ἐκάλουν· ἡμεῖς δὲ ὅμως ἐφοβούμεθα, καὶ οὔτε δειπνῆσαι οὔτε ὑπνῶσαί τις ἡμῶν ἐτόλμησεν. ἀρχεῖα δὲ αὐτοῖς ἐν μέσῃ τῇ πόλει πεποίηται, ἔνθα ὁ ἄρχων αὐτῶν διὰ νυκτὸς ὅλης κάθηται ὀνομαστὶ καλῶν ἕκαστον· ὃς δ᾽ ἂν μὴ ὑπακούσῃ, καταδικάζεται ἀποθανεῖν ὡς λιπὼν τὴν τάξιν· ὁ δὲ θάνατός ἐστι σβεσθῆναι. παρεστῶτες δὲ ἡμεῖς ἑωρῶμεν τὰ γινόμενα καὶ ἠκούομεν ἅμα τῶν λύχνων ἀπολογουμένων καὶ τὰς αἰτίας λεγόντων δι᾽ ἃς ἐβράδυνον. ἔνθα καὶ τὸν ἡμέτερον λύχνον ἐγνώρισα, καὶ προσειπὼν αὐτὸν περὶ τῶν κατ᾽ οἶκον ἐπυνθανόμην ὅπως ἔχοιεν· ὁ δέ μοι ἅπαντα ἐκεῖνα διηγήσατο.
Τὴν μὲν οὖν νύκτα ἐκείνην αὐτοῦ ἐμείναμεν, τῇ δὲ ἐπιούσῃ ἄραντες ἐπλέομεν ἤδη πλησίον τῶν

νεφῶν· ἔνθα δὴ καὶ τὴν

harm, but invited us to be their guests. We were afraid, however, and none of us ventured to eat a mouthful or close an eye. They have a public building in the centre of the city, where their magistrate sits all night and calls each of them by name, and whoever does not answer is sentenced to death for deserting. They are executed by being put out. We were at court, saw what went on, and heard the lamps defend themselves and tell why they came late. There I recognised our own lamp: I spoke to him and enquired how things were at home, and he told me all about them.

That night we stopped there, but on the next day we set sail and continued our voyage. By this time

we were near the clouds.

Νεφελοκοκκυγίαν πόλιν ἰδόντες ἐθαυμάσαμεν, οὐ μέντοι ἐπέβημεν αὐτῆς· οὐ γὰρ εἴα τὸ πνεῦμα. βασιλεύειν μέντοι αὐτῶν ἐλέγετο Κόρωνος ὁ Κοττυφίωνος. καὶ ἐγὼ ἐμνήσθην Ἀριστοφάνους τοῦ ποιητοῦ, ἀνδρὸς σοφοῦ καὶ ἀληθοῦς καὶ μάτην ἐφ᾽ οἷς ἔγραψεν ἀπιστουμένου. τρίτῃ δὲ ἀπὸ ταύτης ἡμέρᾳ καὶ τὸν ὠκεανὸν ἤδη σαφῶς ἑωρῶμεν, γῆν δὲ οὐδαμοῦ, πλήν γε τῶν ἐν τῷ ἀέρι· καὶ αὗται δὲ πυρώδεις καὶ ὑπεραυγεῖς ἐφαντάζοντο. τῇ τετάρτῃ δὲ περὶ μεσημβρίαν μαλακῶς ἐνδιδόντος τοῦ πνεύμα-τος καὶ συνιζάνοντος ἐπὶ τὴν θάλατταν κατετέθημεν. ὡς δὲ τοῦ ὕδατος ἐψαύσαμεν, θαυμασίως ὑπερηδόμεθα καὶ ὑπερεχαίρομεν καὶ πᾶσαν ἐκ τῶν παρόντων εὐφροσύνην ἐποιούμεθα καὶ ἀπορρίψαντες ἐνηχόμεθα· καὶ γὰρ ἔτυχε γαλήνη οὖσα καὶ εὐσταθοῦν τὸ πέλαγος.

Ἔοικε δὲ ἀρχὴ κακῶν μειζόνων γίνεσθαι πολλάκις ἡ πρὸς τὸ βέλτιον μεταβολή· καὶ

There we saw the city of Cloudcuckootown,[1] and wondered at it, but did not visit it, as the wind did not permit. The king, however, was said to be Crow Dawson. It made me think of Aristophanes the poet, a wise and truthful man whose writings are distrusted without reason. On the next day but one, the ocean was already in plain sight, but no land anywhere except the countries in the air, and they began to appear fiery and bright. Toward noon on the fourth day the wind fell gently and gave out, and we were set down on the sea. When we touched the water we were marvellously pleased and happy, made as merry as we could in every way, and went over the side for a swim, for by good luck it was calm and the sea was smooth. It would seem, however, that a change for the better often proves a prelude to greater ills. We had sailed just two days in fair weather and the

---

[1] The capital of Birdland in Aristophanes' play, The Birds.

γὰρ ἡμεῖς δύο μόνας ἡμέρας ἐν εὐδίᾳ πλεύσαντες, τῆς τρίτης ὑποφαινούσης πρὸς ἀνίσχοντα τὸν ἥλιον ἄφνω ὁρῶμεν θηρία καὶ κήτη πολλὰ μὲν καὶ ἄλλα, ἓν δὲ μέγιστον ἁπάντων ὅσον σταδίων χιλίων καὶ πεντακοσίων τὸ μέγεθος· ἐπῄει δὲ κεχηνὸς καὶ πρὸ πολλοῦ ταράττον τὴν θάλατταν ἀφρῷ τε περικλυζόμενον καὶ τοὺς ὀδόντας ἐκφαῖνον πολὺ τῶν παρ' ἡμῖν φαλλῶν ὑψηλοτέρους, ὀξεῖς δὲ πάντας ὥσπερ σκόλοπας καὶ λευκοὺς ὥσπερ ἐλεφαντίνους. ἡμεῖς μὲν οὖν τὸ ὕστατον ἀλλήλους προσειπόντες καὶ περιβαλόντες ἐμένομεν· τὸ

δὲ ἤδη παρῆν καὶ ἀναρροφῆσαν ἡμᾶς αὐτῇ νηῒ κατέπιεν. οὐ μέντοι ἔφθη συναράξαι τοῖς ὀδοῦσιν, ἀλλὰ διὰ τῶν ἀραιωμάτων ἡ ναῦς ἐς τὸ ἔσω διεξέπεσεν. ἐπεὶ δὲ ἔνδον ἦμεν, τὸ μὲν πρῶτον σκότος ἦν καὶ οὐδὲν ἑωρῶμεν, ὕστερον δὲ αὐτοῦ ἀναχανόντος εἴδομεν κύτος μέγα καὶ πάντη πλατὺ καὶ

third day was breaking when toward sunrise we suddenly saw a number of sea-monsters, whales. One among them, the largest of all, was fully one hundred and fifty miles long. He came at us with open mouth, dashing up the sea far in advance, foam-washed, showing teeth much larger than the emblems of Dionysus in our country, [1] and all sharp as calthrops and white as ivory. We said good-bye to one another, embraced, and waited. He was there in an

instant, and with a gulp swallowed us down, ship and all. He just missed crushing us with his teeth, but the boat slipped through the gaps between them into the interior. When we were inside, it was dark at first, and we could not see anything, but afterwards, when he opened his mouth, we saw a

---

[1] On the size of these, see Lucian's Syrian Goddess, 23.

ὑψηλόν, ἱκανὸν μυριάνδρῳ
πόλει ἐνοικεῖν. ἔκειντο δὲ ἐν
μέσῳ καὶ μικροὶ ἰχθύες καὶ
ἄλλα πολλὰ θηρία
συγκεκομμένα, καὶ πλοίων
ἱστία καὶ ἄγκυραι, καὶ
ἀνθρώπων ὀστέα καὶ φορτία,
κατὰ μέσον δὲ καὶ γῆ καὶ λόφοι
ἦσαν, ἐμοὶ δοκεῖν, ἐκ τῆς ἰλύος
ἣν κατέπινε συνιζάνουσα. ὕλη
γοῦν ἐπ᾽ αὐτῆς καὶ δένδρα
παντοῖα ἐπεφύκει καὶ λάχανα
ἐβεβλαστήκει, καὶ ἐῴκει πάντα
ἐξειργασμένοις· περίμετρον δὲ
τῆς γῆς στάδιοι διακόσιοι καὶ
τεσσαράκοντα. ἦν δὲ ἰδεῖν καὶ
ὄρνεα θαλάττια, λάρους καὶ
ἀλκυόνας, ἐπὶ τῶν δένδρων
νεοττεύοντα.
Τότε μὲν οὖν ἐπὶ πολὺ
ἐδακρύομεν, ὕστερον δὲ
ἀναστήσαντες τοὺς ἑταίρους
τὴν μὲν ναῦν ὑπεστηρίξαμεν,
αὐτοὶ δὲ τὰ πυρεῖα
συντρίψαντες καὶ
ἀνακαύσαντες δεῖπνον ἐκ τῶν
παρόντων ἐποιούμεθα.
παρέκειτο δὲ ἄφθονα καὶ
παντοδαπὰ κρέα τῶν ἰχθύων,
καὶ ὕδωρ ἔτι τὸ ἐκ τοῦ

great cavity, flat all over and high, and large enough for the housing of a great city. In it there were fish, large and small, and many other creatures all mangled, ships' riggling and anchors, human bones, and merchandise. In the middle there was land with hills on it, which to my thinking was formed of the mud that he had swallowed. Indeed, a forest of all kinds of trees had grown on it, garden stuff had come up, and everything appeared to be under cultivation. The coast of the island was twenty-seven miles long. Sea-birds were to be seen nesting on the trees, gulls and kingfishers. [1]

At first we shed tears for a long time, and then I roused my comrades and we provided for the ship by shoring it up and for ourselves by rubbing sticks together, lighting a fire and getting dinner as best we could. We had at hand plenty

---

[1] This story of the whale is no longer considered a parody on Jonah's adventure, as there were other versions of the tale afloat in antiquity.

Ἑωσφόρου εἴχομεν. τῇ ἐπιούσῃ δὲ διαναστάντες, εἴ ποτε ἀναχάνοι τὸ κῆτος, ἑωρῶμεν ἄλλοτε μὲν ὄρη, ἄλλοτε δὲ μόνον τὸν οὐρανόν, πολλάκις δὲ καὶ νήσους· καὶ γὰρ ᾐσθανόμεθα φερομένου αὐτοῦ ὀξέως πρὸς πᾶν μέρος τῆς θαλάττης. ἐπεὶ δὲ

of fish of all kinds, and we still had the water from the Morning Star. On rising the next day, whenever the whale opened his mouth we saw mountains one moment, nothing but sky the next, and islands frequently, and we perceived by this that he was rushing swiftly to all parts of the sea. When at length we became

ἤδη ἐθάδες τῇ διατριβῇ ἐγενόμεθα, λαβὼν ἑπτὰ τῶν ἑταίρων ἐβάδιζον ἐς τὴν ὕλην περισκοπήσασθαι τὰ πάντα βουλόμενος. οὔπω δὲ πέντε ὅλους διελθὼν σταδίους εὗρον ἱερὸν Ποσειδῶνος, ὡς ἐδήλου ἡ ἐπιγραφή, καὶ μετ᾽ οὐ πολὺ καὶ τάφους πολλοὺς καὶ στήλας ἐπ᾽ αὐτῶν πλησίον τε πηγὴν ὕδατος διαυγοῦς, ἔτι δὲ καὶ κυνὸς ὑλακὴν ἠκούομεν καὶ καπνὸς ἐφαίνετο πόρρωθεν καί τινα καὶ ἔπαυλιν εἰκάζομεν.
Σπουδῇ οὖν βαδίζοντες ἐφιστάμεθα πρεσβύτῃ καὶ νεανίσκῳ μάλα προθύμως πρασιάν τινα ἐργαζομένοις καὶ ὕδωρ ἀπὸ τῆς πηγῆς ἐπ᾽ αὐτὴν

wonted to our abiding-place, I took seven of my comrades and went into the forest, wishing to have a look at everything. I had not yet gone quite five furlongs when I found a temple of Poseidon, as the inscription indicated, and not far from it a number of graves with stones on them. Near by was a spring of clear water. We also heard the barking of a dog, smoke appeared in the distance, and we made out something like a farmhouse, too.
Advancing eagerly, we came upon an old man and a boy very busily at work in a garden which they were irrigating with water from the

διοχετεύουσιν· ἡσθέντες οὖν ἅμα καὶ φοβηθέντες ἔστημεν· κἀκεῖνοι δὲ ταὐτὸ ἡμῖν ὡς τὸ εἰκὸς παθόντες ἄναυδοι παρειστήκεσαν· χρόνῳ δὲ ὁ πρεσβύτης ἔφη, Τίνες ὑμεῖς ἅμα ἐστέ, ὦ ξένοι; πότερον τῶν ἐναλίων δαιμόνων ἢ ἄνθρωποι δυστυχεῖς ἡμῖν παραπλήσιοι; καὶ γὰρ ἡμεῖς ἄνθρωποι ὄντες καὶ ἐν γῇ τραφέντες νῦν θαλάττιοι γεγόναμεν καὶ συννηχόμεθα τῷ περιέχοντι τούτῳ θηρίῳ, οὐδ᾿ ὃ πάσχομεν ἀκριβῶς εἰδότες· τεθνάναι μὲν γὰρ εἰκάζομεν, ζῆν δὲ πιστεύομεν. πρὸς ταῦτα ἐγὼ εἶπον· Καὶ ἡμεῖς τοι ἄνθρωποι νεήλυδές ἐσμεν, ὦ πάτερ, αὐτῷ σκάφει πρῴην καταποθέντες, προήλθομεν δὲ νῦν βουλόμενοι μαθεῖν τὰ ἐν τῇ ὕλῃ ὡς ἔχει· πολλὴ γάρ τις καὶ λάσιος ἐφαίνετο. δαίμων δέ τις, ὡς ἔοικεν, ἡμᾶς ἤγαγεν σέ τε ὀψομένους καὶ εἰσομένους ὅτι μὴ μόνοι ἐν τῷδε καθείργμεθα τῷ θηρίῳ· ἀλλὰ φράσον γε ἡμῖν τὴν σαυτοῦ τύχην, ὅστις τε ὢν καὶ ὅπως δεῦρο εἰσῆλθες. ὁ δὲ οὐ πρότερον ἔφη ἐρεῖν οὐδὲ

spring. Joyful and fearful at the same instant, we stopped still, and they too, probably feeling the same as we, stood there without a word. In course of time the old man said. "Who are you, strangers? Are you sea-gods, or only unlucky men like us? As for ourselves, though we are men and were bred on land, the have become sea-creatures and swim about with this beast which encompasses us, not even knowing for certain what our condition is--we suppose that we are dead, but trust that we are alive." To this I replied: "We too are men, my good sir--newcomers, who were swallowed up yesterday, ship and all: and we set out just now with the notion of finding out how things were in the forest, for it appeared to be very large and thick. But some divinity, it seems, brought us to see you and to discover that we are not the only people shut up in this animal. Do tell us your adventures--who you are and how you got in here." But he

πεύσεσθαι παρ᾽ ἡμῶν, πρὶν ξενίων τῶν παρόντων μεταδοῦναι, καὶ

said he would neither tell us nor question us before giving us what entertainment he could command, and he

λαβὼν ἡμᾶς ἦγεν ἐπὶ τὴν οἰκίαν ἐπεποίητο δὲ αὐτάρκη καὶ στιβάδας ἐνῳκοδόμητο καὶ τὰ ἄλλα ἐξήρτιστοπαραθεὶς δὲ ἡμῖν λάχανά τε καὶ ἀκρόδρυα καὶ ἰχθῦς, ἔτι δὲ καὶ οἶνον ἐγχέας, ἐπειδὴ ἱκανῶς ἐκορέσθημεν, ἐπυνθάνετο ἃ πεπόνθειμεν· κἀγὼ πάντα ἑξῆς διηγησάμην, τόν τε χειμῶνα καὶ τὰ ἐν τῇ νήσῳ καὶ τὸν ἐν τῷ ἀέρι πλοῦν καὶ τὸν πόλεμον καὶ τὰ ἄλλα μέχρι τῆς εἰς τὸ κῆτος καταδύσεως.

Ὁ δὲ ὑπερθαυμάσας καὶ αὐτὸς ἐν μέρει τὰ καθ᾽ αὑτὸν διεξήει λέγων, Τὸ μὲν γένος εἰμί, ὦ ξένοι, Κύπριος, ὁρμηθεὶς δὲ κατ᾽ ἐμπορίαν ἀπὸ τῆς πατρίδος μετὰ παιδός, ὃν ὁρᾶτε, καὶ ἄλλων πολλῶν οἰκετῶν ἔπλεον εἰς Ἰταλίαν ποικίλον φόρτον κομίζων ἐπὶ νεὼς μεγάλης, ἣν ἐπὶ στόματι τοῦ κήτους διαλελυμένην ἴσως ἑωράκατε. μέχρι μὲν οὖν Σικελίας εὐτυχῶς διεπλεύσαμεν· ἐκεῖθεν δὲ

took us with him to the house. It was a commodious structure, had bunks built in it and was fully furnished in other ways. He set before us vegetables, fruit and fish and poured us out wine as well. When we had had enough, he asked us what had happened to us. I told him about everything from first to last-- the storm, the island, the cruise in the air, the war and all the rest of it up to our descent into the whale.

He expressed huge wonder, and then told us his own story, saying: "By birth, strangers, J am a Cypriote. Setting out from my native land on a trading venture with my boy whom you see and with many servants besides, I began a voyage to Italy, bringing various wares on a great ship, which you no doubt saw wrecked in the mouth of the whale. As far as Sicily we had a fortunate

ἁρπασθέντες ἀνέμῳ σφοδρῷ τριταῖοι ἐς τὸν ὠκεανὸν ἀπηνέχθημεν, ἔνθα τῷ κήτει περιτυχόντες καὶ αὔτανδροι καταποθέντες δύο ἡμεῖς μόνοι τῶν ἄλλων ἀποθανόντων ἐσώθημεν. θάψαντες δὲ τοὺς ἑταίρους καὶ ναὸν τῷ Ποσειδῶνι δειμάμενοι τουτονὶ τὸν βίον ζῶμεν, λάχανα μὲν κηπεύοντες, ἰχθῦς δὲ σιτούμενοι καὶ ἀκρόδρυα. πολλὴ δέ, ὡς ὁρᾶτε, ἡ ὕλη, καὶ μὴν καὶ ἀμπέλους ἔχει πολλάς, ἀφ᾽ ὧν ἡδύτατος οἶνος γεννᾶται· καὶ τὴν πηγὴν δὲ ἴσως εἴδετε καλλίστου καὶ ψυχροτάτου ὕδατος. εὐνὴν δὲ ἀπὸ τῶν φύλλων ποιούμεθα, καὶ πῦρ ἄφθονον καίομεν, καὶ ὄρνεα δὲ θηρεύομεν τὰ εἰσπετόμενα, καὶ ζῶντας ἰχθῦς ἀγρεύομεν ἐξιόντες ἐπὶ τὰ βραγχία τοῦ θηρίου, ἔνθα καὶ λουόμεθα, ὁπόταν ἐπιθυμήσωμεν. καὶ μὴν καὶ λίμνη οὐ πόρρω ἐστὶν

voyage, but there we were caught by a violent wind and driven out into the ocean for three days, where we fell in with the whale, were swallowed up crew and all, and only we two survived, the others being killed. We buried our comrades, built a temple to Poseidon and live this sort of life, raising vegetables and eating fish and nuts. As you see, the forest is extensive, and besides, it contains many grape-vines, which yield the sweetest of wine. No doubt you noticed the spring of beautiful cold water, too. We make our bed of leaves, burn all the wood we want, snare the birds that fly in, and catch fresh fish by going into the gills of the animal. We also bathe there when we care to. Another thing, there is a

σταδίων εἴκοσι τὴν περίμετρον, ἰχθῦς ἔχουσα παντοδαπούς, ἐν ᾗ καὶ νηχόμεθα καὶ πλέομεν ἐπὶ σκάφους μικροῦ, ὃ ἐγὼ

lake not far off, twenty furlongs in circumference, with all kinds of fish in it, where we swim and sail in a little skiff that I made. It is

ἐναυπηγησάμην. ἔτη δέ ἐστιν ἡμῖν τῆς καταπόσεως ταῦτα ἑπτὰ καὶ εἴκοσι. καὶ τὰ μὲν ἄλλα ἴσως φέρειν δυνάμεθα, οἱ δὲ γείτονες ἡμῶν καὶ πάροικοι σφόδρα χαλεποὶ καὶ βαρεῖς εἰσιν, ἄμικτοί τε ὄντες καὶ ἄγριοι. Ἦ γάρ, ἔφην ἐγώ, καὶ ἄλλοι τινές εἰσιν ἐν τῷ κήτει; Πολλοὶ μὲν οὖν, ἔφη, καὶ ἄξενοι καὶ τὰς μορφὰς ἀλλόκοτοι· τὰ μὲν γὰρ ἑσπέρια καὶ οὐραῖα τῆς ὕλης Ταριχᾶνες οἰκοῦσιν, ἔθνος ἐγχελυωπὸν καὶ καραβοπρόσωπον, μάχιμον καὶ θρασὺ καὶ ὠμοφάγον· τὰ δὲ τῆς ἑτέρας πλευρᾶς κατὰ τὸν δεξιὸν τοῖχον Τριτωνομένδητες, τὰ μὲν ἄνω ἀνθρώποις ἐοικότες, τὰ δὲ κάτω τοῖς γαλεώταις, ἧττον μέντοι ἄδικοί εἰσιν τῶν ἄλλων· τὰ λαιὰ δὲ Καρκινόχειρες καὶ Θυννοκέφαλοι συμμαχίαν τε καὶ φιλίαν πρὸς ἑαυτοὺς πεποιημένοι· τὴν δὲ μεσόγαιαν νέμονται Παγουρίδαι καὶ Ψηττόποδες, γένος μάχιμον καὶ δρομικώτατον· τὰ ἑῷα δέ,

now twenty-seven years since we were swallowed. Everything else is perhaps endurable, but our neighbours and fellow-countrymen are extremely quarrelsome and unpleasant, being unsociable and savage." "What!" said I, "are there other people in the whale, too?" "Why, yes, lots of them," said he; "they are unfriendly and are oddly built. In the western part of the forest, the tail part, live the Broilers, an eel-eyed, lobster-faced people that are warlike and bold, and carnivorous. On one side, by the starboard wall, live the Mergoats, [1] like men above and catfish below: they are not so wicked as the others. To port there are the Crabclaws and the Codheads, who are friends and allies with each other. The interior is inhabited by Clan Crawfish and the Solefeet, good fighters and swift runners.

[1] According to Herodotus (2, 46), μένδης was Egyptian for goat; but there is nothing goatish in the Tritonomendetes as Lucian describes them.

τὰ πρὸς αὐτῷ τῷ στόματι, τὰ πολλὰ μὲν ἔρημά ἐστι, προσκλυζόμενα τῇ θαλάττῃ· ὅμως δὲ ἐγὼ ταῦτα ἔχω φόρον τοῖς Ψηττόποσιν ὑποτελῶν ἑκάστου ἔτους ὄστρεια πεντακόσια. τοιαύτη μὲν ἡ χώρα ἐστίν· ὑμᾶς δὲ χρὴ ὁρᾶν ὅπως δυνησόμεθα τοσούτοις ἔθνεσι μάχεσθαι καὶ ὅπως βιοτεύσομεν. Πόσοι δέ, ἔφην ἐγώ, πάντες οὗτοί εἰσιν; Πλείους, ἔφη, τῶν χιλίων. Ὅπλα δὲ τίνα ἐστὶν αὐτοῖς; Οὐδέν, ἔφη, πλὴν τὰ ὀστᾶ τῶν

The eastern part, that near the mouth, is mostly uninhabited, as it is subject to inundations of the sea. I live in it, however, paying the Solefeet a tribute of five hundred oysters a year. Such being the nature of the country, it is for you to see how we can fight with all these tribes and how we are to get a living." "How many are there of them in all?" said I. "More than a thousand," said he. "What sort of weapons have they?" "Nothing but fishbones,"

ἰχθύων. Οὐκοῦν, ἔφην ἐγώ, ἄριστα ἂν ἔχοι διὰ μάχης ἐλθεῖν αὐτοῖς, ἅτε οὖσιν ἀνόπλοις αὐτούς γε ὡπλισμένους· εἰ γὰρ κρατήσομεν αὐτῶν, ἀδεῶς τὸν λοιπὸν βίον οἰκήσομεν. Ἔδοξε ταῦτα, καὶ ἀπελθόντες ἐπὶ ναῦν παρεσκευαζόμεθα. αἰτία δὲ τοῦ πολέμου ἔμελλεν ἔσεσθαι τοῦ φόρου ἡ οὐκ ἀπόδοσις, ἤδη τῆς προθεσμίας ἐνεστώσησ. καὶ δὴ οἱ μὲν ἔπεμπον ἀπαιτοῦντες τὸν δασμόν· ὁ δὲ ὑπεροπτικῶς ἀποκρινάμενος ἀπεδίωξε τοὺς

he said. "Then our best plan," said I, "would be to meet them in battle, as they are unarmed and we have arms. If we defeat them, we shall live here in peace the rest of our days."

This was resolved on, and we went to the boat and made ready. The cause of war was to be the withholding of the tribute, since the date for it had already arrived. They sent and demanded the tax, and he gave the messengers a contemptuous answer and

ἀγγέλους. πρῶτοι οὖν οἱ Ψηττόποδες καὶ οἱ Παγουρίδαι χαλεπαίνοντες τῷ Σκινθάρῳτοῦτο γὰρ ἐκαλεῖτομετὰ πολλοῦ θορύβου ἐπῄεσαν. ἡμεῖς δὲ τὴν ἔφοδον ὑποπτεύοντες ἐξοπλισάμενοι ἀνεμένομεν, λόχον τινὰ προτάξαντες ἀνδρῶν πέντε καὶ εἴκοσι. προείρητο δὲ τοῖς ἐν τῇ ἐνέδρᾳ, ἐπειδὰν ἴδωσι παρεληλυθότας τοὺς πολεμίους, ἐπανίστασθαι· καὶ οὕτως ἐποίησαν. ἐπαναστάντες γὰρ κατόπιν ἔκοπτον αὐτούς, καὶ ἡμεῖς δὲ αὐτοὶ πέντε καὶ εἴκοσι τὸν ἀριθμὸν ὄντεςκαὶ γὰρ ὁ Σκίνθαρος καὶ ὁ παῖς αὐτοῦ συνεστρατεύοντοὑπηντιάζομεν, καὶ συμμίξαντες θυμῷ καὶ ῥώμῃ διεκινδυνεύομεν. τέλος δὲ τροπὴν αὐτῶν ποιησάμενοι κατεδιώξαμεν ἄχρι πρὸς τοὺς φωλεούς. ἀπέθανον δὲ τῶν μὲν πολεμίων ἑβδομήκοντα καὶ ἑκατόν, ἡμῶν δὲ εἷς [καὶ] ὁ κυβερνήτης, τρίγλης πλευρᾷ διαπαρεὶς τὸ μετάφρενον. ἐκείνην μὲν οὖν τὴν ἡμέραν καὶ τὴν νύκτα ἐπηυλισάμεθα τῇ μάχῃ καὶ τρόπαιον ἐστήσαμεν ῥάχιν ξηρὰν δελφῖνος

drove them off. First the Solefeet and Clan Crawfish, incensed at Scintharus--for that was his name--came on with a great uproar. Anticipating their attack, we were waiting under arms, having previously posted in our front-a squad of twenty-five men in ambush, who had been directed to fall on the enemy when they saw that they had gone by, and this they did. Falling on them in the rear, they cut them down, while we ourselves, twenty-five in number (for Scintharus and his son were in our ranks), met them face to face and, engaging them, ran our hazard with strength and spirit. Finally we routed them and pursued them clear to their dens. The slain on the side of the enemy were one hundred and seventy; on our side, one--the sailing-master, who was run through the midriff with a mullet-rib. That day and night we bivouacked on the field and made a trophy by setting up the dry spine of a dolphin. On the following day the others, who

ἀναπήξαντες. τῇ ὑστεραίᾳ δὲ καὶ οἱ ἄλλοι αἰσθόμενοι παρῆσαν, τὸ μὲν δεξιὸν κέρας ἔχοντες οἱ Ταριχᾶνεσ ἡγεῖτο δὲ αὐτῶν Πήλαμος τὸ δὲ εὐώνυμον οἱ Θυννοκέφαλοι,

had heard of it, appeared, with the Broilers, led by Tom Cod, on the right wing, the Codheads on the, left, and the

τὸ μέσον δὲ οἱ Καρκινόχειρες· οἱ γὰρ Τριτωνομένδητες τὴν ἡσυχίαν ἦγον οὐδετέροις συμμαχεῖν προαιρούμενοι. ἡμεῖς δὲ προαπαντήσαντες αὐτοῖς παρὰ τὸ Ποσειδώνιον συνεμίξαμεν πολλῇ βοῇ χρώμενοι, ἀντήχει δὲ τὸ κῆτος ὥσπερ τὰ σπήλαια. τρεψάμενοι δὲ αὐτούς, ἅτε γυμνῆτας ὄντας, καὶ καταδιώξαντες ἐς τὴν ὕλην τὸ λοιπὸν ἐπεκρατοῦμεν τῆς γῆς. καὶ μετ' οὐ πολὺ κήρυκας ἀποστείλαντες νεκρούς τε ἀνηροῦντο καὶ περὶ φιλίας διελέγοντο· ἡμῖν δὲ οὐκ ἐδόκει σπένδεσθαι, ἀλλὰ τῇ ὑστεραίᾳ χωρήσαντες ἐπ' αὐτοὺς πάντας ἄρδην ἐξεκόψαμεν πλὴν τῶν Τριτωνομενδήτων. οὗτοι δέ, ὡς εἶδον τὰ γινόμενα, διαδράντες ἐκ τῶν βραγχίων ἀφῆκαν αὐτοὺς εἰς τὴν θάλατταν. ἡμεῖς δὲ τὴν χώραν ἐπελθόντες ἔρημον ἤδη οὖσαν τῶν πολεμίων τὸ λοιπὸν ἀδεῶς

Crabclaws in the centre. The Mergoats did not take the field, choosing not to ally themselves with either party. Going out to meet them, we engaged them by the temple of Poseidon with great shouting, and the hollow re-echoed like a cave. Routing them, as they were light-armed, and pursuing them into the forest, we were thenceforth masters of the land. Not long afterwards they sent heralds and were for recovering their dead and conferring about an alliance, but we did not think it best to make terms with them. Indeed, on the following day we marched against them and utterly exterminated them, all but the Mergoats, and they, when they saw what was doing, ran off through the gills and threw themselves into the sea.

κατῳκοῦμεν, τὰ πολλὰ γυμνασίοις τε καὶ κυνηγεσίοις χρώμενοι καὶ ἀμπελουργοῦντες καὶ τὸν καρπὸν συγκομιζόμενοι τὸν ἐκ τῶν δένδρων, καὶ ὅλως ἐῴκειμεν τοῖς ἐν δεσμωτηρίῳ μεγάλῳ καὶ ἀφύκτῳ τρυφῶσι καὶ λελυμένοις.

Ἐνιαυτὸν μὲν οὖν καὶ μῆνας ὀκτὼ τοῦτον διήγομεν τὸν τρόπον. τῷ δ᾽ ἐνάτῳ μηνὶ πέμπτῃ ἱσταμένου, περὶ τὴν δευτέραν τοῦ στόματος ἄνοιξιν―ἅπαξ γὰρ δὴ τοῦτο κατὰ τὴν ὥραν ἑκάστην ἐποίει τὸ κῆτος, ὥστε ἡμᾶς πρὸς τὰς ἀνοίξεις τεκμαίρεσθαι τὰς ὥρας περὶ οὖν τὴν δευτέραν, ὥσπερ ἔφην, ἄνοιξιν, ἄφνω βοή τε πολλὴ καὶ θόρυβος ἠκούετο καὶ ὥσπερ κελεύσματα καὶ εἰρεσίαι· ταραχθέντες οὖν ἀνειρπύσαμεν ἐπ᾽ αὐτὸ τὸ στόμα τοῦ θηρίου καὶ στάντες ἐνδοτέρω τῶν

Occupying the country, which was now clear of the enemy, we dwelt there in peace from that time on, constantly engaging in sports, hunting, tending vines and gathering the fruit of the trees. In short, we resembled men leading a life of luxury and roaming at large in a great prison that they cannot break out of.

For a year and eight months we lived in this way, but on the fifth day of the ninth month, about the second mouth-opening--for the whale did it once an hour, so that we told time by the openings--about the second opening, as I said, much shouting and commotion suddenly made itself heard, and what seemed to be commands and oar-beats. [1] Excitedly we crept up to the very. mouth of the animal, and standing

ὀδόντων καθεωρῶμεν ἁπάντων ὧν ἐγὼ εἶδον θεαμάτων παραδοξότατον,

inside the teeth we saw the most unparallelled of all the sights that ever I saw--huge

---

[1] Compare the description of the sea-fight between Corinth and Corcyra in Thucydides 1. 48.

ἄνδρας μεγάλους, ὅσον ἡμισταδιαίους τὰς ἡλικίας, ἐπὶ νήσων μεγάλων προσπλέοντας ὥσπερ ἐπὶ τριήρων. οἶδα μὲν οὖν ἀπίστοις ἐοικότα ἱστορήσων, λέγω δὲ ὅμως. νῆσοι ἦσαν ἐπιμήκεις μέν, οὐ πάνυ δὲ ὑψηλαί, ὅσον ἑκατὸν σταδίων ἑκάστη τὸ περίμετρον· ἐπὶ δὲ αὐτῶν ἔπλεον τῶν ἀνδρῶν ἐκείνων ἀμφὶ τοὺς εἴκοσι καὶ ἑκατόν· τούτων δὲ οἱ μὲν παρ᾽ ἑκάτερα τῆς νήσου καθήμενοι ἐφεξῆς ἐκωπηλάτουν κυπαρίττοις μεγάλαις αὐτοκλάδοις καὶ αὐτοκόμοις ὥσπερ ἐρετμοῖς, κατόπιν δὲ ἐπὶ τῆς πρύμνης, ὡς ἐδόκει, κυβερνήτης ἐπὶ λόφου ὑψηλοῦ εἱστήκει χάλκεον ἔχων πηδάλιον πεντασταδιαῖον τὸ μῆκος· ἐπὶ δὲ τῆς πρῴρας ὅσον τετταράκοντα ὡπλισμένοι αὐτῶν ἐμάχοντο, πάντα ἐοικότες ἀνθρώποις πλὴν τῆς κόμης· αὕτη δὲ πῦρ ἦν καὶ ἐκάετο, ὥστε οὐδὲ κορύθων ἐδέοντο. ἀντὶ δὲ ἱστίων ὁ ἄνεμος ἐμπίπτων τῇ ὕλῃ,

men, fully half a furlong in stature, sailing on huge islands as on galleys. Though I know that what I am going to recount savours of the incredible, I shall say it nevertheless. There were islands, long but not very high, and fully a hundred furlongs in circumference, on each of which about a hundred and twenty of those men were cruising, some of whom, sitting along each side of the island one behind the other, were rowing with huge cypress trees for oars-- branches, leaves and all! [1] Aft at the stern, as I suppose you would call it, stood the master on a high hill, holding a bronze tiller five furlongs in length. At the bow, about forty of them under arms were fighting; they were like men in all but their hair, which was fire and blazed up, so that they had no need of plumes. [2] In lieu of sails, the wind struck the forest, which was dense on each of the

---

[1] Herodotus (2, 156) speaks of a floating island in Egypt.
[2] Cf. Il. 5, 4: "And tireless flames did burn on crest and shield."

πολλῇ οὔσῃ ἐν ἑκάστῃ, ἐκόλπου τε ταύτην καὶ ἔφερε τὴν νῆσον ᾗ ἐθέλοι ὁ κυβερνήτης· κελευστὴς δὲ ἐφειστήκει αὐτοῖς, καὶ πρὸς τὴν εἰρεσίαν ὀξέως ἐκινοῦντο ὥσπερ τὰ μακρὰ τῶν πλοίων. Τὸ μὲν οὖν πρῶτον δύο ἢ τρεῖς ἑωρῶμεν, ὕστερον δὲ ἐφάνησαν ὅσον ἑξακόσιοι, καὶ διαστάντες ἐπολέμουν καὶ ἐναυμάχουν. πολλαὶ μὲν οὖν ἀντίπρωροι συνηράσσοντο ἀλλήλαις,

islands, filled this and carried the island wherever the helmsman would. There were boatswains in command, to keep the oarsmen in time, and the islands moved swiftly under the rowing, like war-galleys.

At first we only saw two or three, but later on about six hundred made their appearance. Taking sides, they went to war and had a sea-fight. Many collided with one another bows on, and many

πολλαὶ δὲ καὶ ἐμβληθεῖσαι κατεδύοντο, αἱ δὲ συμπλεκόμεναι καρτερῶς διηγωνίζοντο καὶ οὐ ῥᾳδίως ἀπελύοντο· οἱ γὰρ ἐπὶ τῆς πρῴρας τεταγμένοι πᾶσαν ἐπεδείκνυντο προθυμίαν ἐπιβαίνοντες καὶ ἀναιροῦντες· ἐζώγρει δὲ οὐδείς. ἀντὶ δὲ χειρῶν σιδηρῶν πολύποδας μεγάλους ἐκδεδεμένους ἀλλήλοις ἐπερρίπτουν, οἱ δὲ περιπλεκόμενοι τῇ ὕλῃ κατεῖχον τὴν νῆσον. ἔβαλλον μέντοι καὶ ἐτίτρωσκον ὀστρείοις τε ἁμαξοπληθέσι καὶ

were rammed amidships and sunk. Some, grappling one another, put up a stout fight and were slow to cast off, for those stationed at the bows showed all zeal in boarding and slaying: no quarter was given. Instead of iron grapnels they threw aboard one another great devilfish with lines belayed to them, and these gripped the woods and held the island fast. They struck and wounded one another with oysters that would fill a wagon and with hundred-foot sponges. The

σπόγγοις πλεθριαίοις. ἡγεῖτο δὲ τῶν μὲν Αἰολοκένταυρος, τῶν δὲ Θαλασσοπότης· καὶ μάχη αὐτοῖς ἐγεγένητο, ὡς ἐδόκει, λείας ἕνεκα· ἐλέγετο γὰρ ὁ Θαλασσοπότης πολλὰς ἀγέλας δελφίνων τοῦ Αἰολοκενταύρου ἐληλακέναι, ὡς ἦν ἀκούειν ἐπικαλούντων ἀλλήλοις καὶ τὰ ὀνόματα τῶν βασιλέων ἐπιβοωμένων. τέλος δὲ νικῶσιν οἱ τοῦ Αἰολοκενταύρου καὶ νήσους τῶν πολεμίων καταδύουσιν ἀμφὶ τὰς πεντήκοντα καὶ ἑκατόν· καὶ ἄλλας τρεῖς λαμβάνουσιν αὐτοῖς ἀνδράσιν· αἱ δὲ λοιπαὶ πρύμναν κρουσάμεναι ἔφευγον. οἱ δὲ μέχρι τινὸς διώξαντες, ἐπειδὴ ἑσπέρα ἦν, τραπόμενοι πρὸς τὰ ναυάγια τῶν πλείστων ἐπεκράτησαν καὶ τὰ ἑαυτῶν ἀνείλοντο· καὶ γὰρ ἐκείνων κατέδυσαν νῆσοι οὐκ ἐλάττους τῶν ὀγδοήκοντα. ἔστησαν δὲ καὶ τρόπαιον τῆς νησομαχίας ἐπὶ τῇ κεφαλῇ τοῦ κήτους μίαν τῶν πολεμίων νῆσον ἀνασταυρώσαντες. ἐκείνην μὲν οὖν τὴν νύκτα περὶ τὸ θηρίον ηὐλίσαντο ἐξάψαντες αὐτοῦ τὰ ἀπόγεια καὶ ἐπ᾽ ἀγκυρῶν

leader of one side was Aeolocentaur, of the other, Brinedrinker. Their battle evidently came about on account of an act of piracy: Brinedrinker was said to have driven off many herds of dolphins belonging to Aeolocentaur. We knew this because we could hear them abusing one another and calling out the names of their kings. Finally the side of Aeolocentaur won; they sank about a hundred and fifty of the enemy's islands; and took three more, crews and all; the rest backed water and fled. After pursuing them some distance, they turned back to the wrecks at evening, making prizes of most of them and picking up what belonged to themselves; for on their own side not less than eighty islands had gone down. They also made a trophy of the isle-fight by setting up one of the enemy's islands on the head of the whale. That night they slept on shipboard around the animal, making their shore lines fast to him and riding at

πλησίον ὁρμισάμενοι· καὶ γὰρ ἀγκύραις ἐχρῶντο μεγάλαις ὑαλίναις καρτεραῖς. τῇ ὑστεραίᾳ

anchor just off him; for they had anchors, large and strong, made of glass. [1] On the following day they performed

δὲ θύσαντες ἐπὶ τοῦ κήτους καὶ τοὺς οἰκείους θάψαντες ἐπ᾽ αὐτοῦ ἀπέπλεον ἡδόμενοι καὶ ὥσπερ παιᾶνας ᾄδοντες. ταῦτα μὲν τὰ κατὰ τὴν νησομαχίαν γενόμενα.

sacrifice on the whale, buried their friends on him, and sailed off rejoicing and apparently singing hymns of victory. So much for the events of the isle-fight.

---

[1] Very likely a punning reference to some traveller's account of wooden (ξυλίναις) anchors.

BOOK II.

Ἀληθῶν διηγημάτων β΄
Τὸ δὲ ἀπὸ τούτου μηκέτι
φέρων ἐγὼ τὴν ἐν τῷ κήτει
δίαιταν ἀχθόμενός τε τῇ μονῇ
μηχανήν τινα ἐζήτουν, δι᾿ ἧς
ἂν ἐξελθεῖν γένοιτο· καὶ τὸ μὲν
πρῶτον ἔδοξεν ἡμῖν διορύξασι
κατὰ τὸν δεξιὸν τοῖχον
ἀποδρᾶναι, καὶ ἀρξάμενοι
διεκόπτομεν· ἐπειδὴ δὲ
προελθόντες ὅσον πέντε
σταδίους οὐδὲν ἠνύομεν, τοῦ
μὲν ὀρύγματος ἐπαυσάμεθα,
τὴν δὲ ὕλην καῦσαι διέγνωμεν·
οὕτω γὰρ ἂν τὸ κῆτος
ἀποθανεῖν· εἰ δὲ τοῦτο γένοιτο,
ῥᾳδία ἔμελλεν ἡμῖν ἔσεσθαι ἡ
ἔξοδος. ἀρξάμενοι οὖν ἀπὸ
τῶν οὐραίων ἐκαίομεν, καὶ
ἡμέρας μὲν ἑπτὰ καὶ ἴσας
νύκτας ἀναισθήτως εἶχε τοῦ
καύματος, ὀγδόῃ δὲ καὶ ἐνάτῃ
συνίεμεν αὐτοῦ νοσοῦντος·
ἀργότερον γοῦν ἀνέχασκεν καὶ
εἴ ποτε ἀναχάνοι ταχὺ
συνέμυεν. δεκάτῃ δὲ καὶ
ἑνδεκάτῃ τέλεον ἀπενεκροῦτο
καὶ δυσῶδες ἦν· τῇ δωδεκάτῃ

FROM that time on, as I could no longer endure the life in the whale and was discontented with the delay, I sought a way of escape. First we determined to dig through the right side and make off, and we made a beginning and tried to cut through. But when we had advanced some five furlongs without getting anywhere, we left off digging and decided to set the forest afire, thinking that in this way the whale could be killed, and in that case our escape would be easy. So we began at the tail end and set it afire. For seven days and seven nights he was unaffected by the burning, but on the eighth and ninth we gathered that he was in a bad way. For instance, he yawned less frequently, and whenever he did yawn he closed his mouth quickly. On the tenth and eleventh day mortification at last set in and he was

δὲ μόλις ἐνενοήσαμεν ὡς, εἰ μή τις χανόντος αὐτοῦ ὑποστηρίξειεν τοὺς γομφίους, ὥστε μηκέτι συγκλεῖσαι, κινδυνεύσομεν κατακλεισθέντες ἐν νεκρῷ αὐτῷ ἀπολέσθαι. οὕτω δὴ μεγάλοις δοκοῖς τὸ στόμα διερείσαντες τὴν ναῦν ἐπεσκευάζομεν ὕδωρ τε ὡς

noisome. On the twelfth we perceived just in time that if someone did not shore his jaws open when he yawned, so that he could not close them again, we stood a chance of being shut up in the dead whale and dying there ourselves. At the last moment, then, we propped the mouth open with great beams and made our boat ready, putting aboard

ἔνι πλεῖστον ἐμβαλλόμενοι καὶ τἆλλα ἐπιτήδεια· κυβερνήσειν δὲ ἔμελλεν ὁ Σκίνθαρος. τῇ δὲ ἐπιούσῃ τὸ μὲν ἤδη τεθνήκει, ἡμεῖς δὲ ἀνελκύσαντες τὸ πλοῖον καὶ διὰ τῶν ἀραιωμάτων διαγαγόντες καὶ ἐκ τῶν ὀδόντων ἐξάψαντες ἠρέμα καθήκαμεν ἐς τὴν θάλατταν· ἐπαναβάντες δὲ ἐπὶ τὰ νῶτα καὶ θύσαντες τῷ Ποσειδῶνι αὐτοῦ παρὰ τὸ τρόπαιον ἡμέρας τε τρεῖς ἐπαυλισάμενοινηνεμία γὰρ ἦντῇ τετάρτῃ ἀπεπλεύσαμεν. ἔνθα δὴ πολλοῖς τῶν ἐκ τῆς ναυμαχίας νεκροῖς ἀπηντῶμεν καὶ προσωκέλλομεν, καὶ τὰ σώματα καταμετροῦντες

all the water we could and the other provisions. Our sailing-master was to be Scintharus. On the next day the whale was dead at last. We dragged the boat up, took her through the gaps, made her fast to the teeth and lowered her slowly into the sea. Climbing on the back and sacrificing to Poseidon there by the trophy, we camped for three days, as it was calm. On the fourth day we sailed off, and in so doing met and grounded on many of the dead from the sea-fight, and measured their bodies with amazement. For some days we sailed with a moderate breeze, and then a

ἐθαυμάζομεν. καὶ ἡμέρας μέν τινας ἐπλέομεν εὐκράτῳ ἀέρι χρώμενοι, ἔπειτα βορέου σφοδροῦ πνεύσαντος μέγα κρύος ἐγένετο, καὶ ἀπ᾽ αὐτοῦ πᾶν ἐπάγη τὸ πέλαγος, οὐκ ἐπιπολῆς μόνον, ἀλλὰ καὶ ἐς βάθος ὅσον ἐπὶ τριακοσίας ὀργυιάς, ὥστε καὶ ἀποβάντας διαθεῖν ἐπὶ τοῦ κρυστάλλου. ἐπιμένοντος δὲ τοῦ πνεύματος φέρειν οὐ δυνάμενοι τοιόνδε τι ἐπενοήσαμενὸ δὲ τὴν γνώμην ἀποφηνάμενος ἦν ὁ Σκίνθαροσσκάψαντες γὰρ ἐν τῷ ὕδατι σπήλαιον μέγιστον ἐν τούτῳ ἐμείναμεν ἡμέρας τριάκοντα, πῦρ ἀνακαίοντες καὶ σιτούμενοι τοὺς ἰχθῦς· εὑρίσκομεν δὲ αὐτοὺς ἀνορύττοντες. ἐπεὶ δὲ ἤδη ἐπέλειπε τὰ ἐπιτήδεια, προελθόντες καὶ τὴν ναῦν πεπηγυῖαν ἀνασπάσαντες καὶ πετάσαντες τὴν ὀθόνην ἐσυρόμεθα ὥσπερ πλέοντες λείως καὶ προσηνῶς ἐπὶ τοῦ πάγους διολισθάνοντες. ἡμέρᾳ δὲ πέμπτῃ ἀλέα τε ἦν ἤδη καὶ ὁ πάγος ἐλύετο καὶ ὕδωρ πάντα αὖθις ἐγίνετο.
Πλεύσαντες οὖν ὅσον τριακοσίους

strong norther blew up and brought on great cold. The entire sea was frozen by it, not just on the surface but to a depth of fully six fathoms, so that we could leave the boast and run on the ice. The wind held and we could not stand it, so we devised an odd remedy--the proposer of the idea was Scintharus. We dug a very large cave in the water and stopped in it for thirty days, keeping a fire burning and eating the fish that we found in digging. When our provisions at last failed, we came out, hauled up the boat, which had frozen in, spread our canvas and slid, gliding on the ice smoothly and easily, just as if we were sailing. On the fifth day it was warm again, the ice broke up and everything turned to water once more.
After sailing about three hundred furlongs we

νήσῳ μικρᾷ καὶ ἐρήμῃ προσηνέχθημεν, ἀφ᾽ ἧς ὕδωρ λαβόντεσἐπελελοίπει γὰρ ἤδηκαὶ δύο ταύρους ἀγρίους κατατοξεύσαντες ἀπεπλεύσαμεν. οἱ δὲ ταῦροι οὗτοι τὰ κέρατα οὐκ ἐπὶ τῆς κεφαλῆς εἶχον, ἀλλ᾽ ὑπὸ τοῖς ὀφθαλμοῖς, ὥσπερ ὁ Μῶμος ἠξίου. μετ᾽ οὐ πολὺ δὲ εἰς πέλαγος ἐνεβαίνομεν, οὐχ ὕδατος, ἀλλὰ γάλακτος· καὶ νῆσος ἐν αὐτῷ ἐφαίνετο λευκὴ πλήρης ἀμπέλων. ἦν δὲ ἡ νῆσος τυρὸς μέγιστος συμπεπηγώς, ὡς ὕστερον ἐμφαγόντες ἐμάθομεν, σταδίων εἴκοσι πέντε τὸ περίμετρον· αἱ δὲ ἄμπελοι βοτρύων πλήρεις, οὐ μέντοι οἶνον, ἀλλὰ γάλα ἐξ αὐτῶν ἀποθλίβοντες ἐπίνομεν. ἱερὸν δὲ ἐν μέσῃ τῇ νήσῳ ἀνῳκοδόμητο Γαλατείας τῆς Νηρηΐδος, ὡς ἐδήλου τὸ ἐπίγραμμα. ὅσον οὖν χρόνον ἐκεῖ ἐμείναμεν, ὄψον μὲν ἡμῖν καὶ σιτίον ἡ γῆ ὑπῆρχεν, ποτὸν δὲ τὸ γάλα τὸ ἐκ τῶν βοτρύων.

ran in at a small desert island, where we got water--which had failed by this time--and shot two wild bulls, and then sailed away. These bulls did not have their horns on their head but under their eyes, as Momus wanted.[1] Not long afterwards we entered a sea of milk, not of water, and in it a white island, full of grapevines, came in sight. The island was a great solid cheese, as we afterwards learned by tasting it. It was twenty-five furlongs in circumference. The vines were full of grapes, but the liquid which we squeezed from them and drank was milk instead of wine. A temple had been constructed in the middle of the island in honour of Galatea the Nereid, as its inscription indicated. All the time that we stopped in the island the earth was our bread and meat and the milk from the grapes our drink. The ruler of that region was

---

[1] Momus suggested this in order that the animal might see what he was doing with his horns.

βασιλεύειν δὲ τῶν χωρίων τούτων ἐλέγετο Τυρὼ ἡ Σαλμωνέως, μετὰ τὴν ἐντεῦθεν ἀπαλλαγὴν ταύτην παρὰ τοῦ Ποσειδῶνος λαβοῦσα τὴν τιμήν.

Μείναντες δὲ ἡμέρας ἐν τῇ νήσῳ πέντε, τῇ ἕκτῃ ἐξωρμήσαμεν, αὔρας μέν τινος παραπεμπούσης, λειοκύμονος δὲ οὔσης τῆς θαλάττης· ὀγδόῃ δὲ ἡμέρᾳ πλέοντες οὐκέτι διὰ τοῦ γάλακτος, ἀλλ᾽ ἤδη ἐν ἀλμυρῷ καὶ κυανέῳ ὕδατι, καθορῶμεν ἀνθρώπους πολλοὺς ἐπὶ τοῦ πελάγους διαθέοντας, ἅπαντα ἡμῖν προσεοικότας, καὶ τὰ σώματα καὶ τὰ μεγέθη, πλὴν τῶν ποδῶν μόνων· ταῦτα γὰρ φέλλινα εἶχον, ἀφ᾽ οὗ δή, οἶμαι, καὶ ἐκαλοῦντο

Φελλόποδες. ἐθαυμάσαμεν οὖν ἰδόντες οὐ βαπτιζομένους, ἀλλὰ ὑπερέχοντας τῶν κυμάτων καὶ ἀδεῶς ὁδοιποροῦντας. οἱ δὲ καὶ προσήεσαν καὶ ἠσπάζοντο ἡμᾶς Ἑλληνικῇ φωνῇ· ἔλεγον

said to be Tyro, daughter of Salmoneus, who after departure from home received this guerdon from Poseidon. [1]

After stopping five days on the island we started out on the sixth, with a bit of breeze propelling us over a rippling sea, On the eighth day, by which time we were no longer sailing through the milk but in briny blue water, we came in sight of many men running over the sea, like us in every way, both in shape and in size, except only their feet, which were of cork: that is why they were called Corkfeet, if I

am not mistaken. We were amazed to see that they did not go under, but stayed on the top of the waves and went about fearlessly. Some of them came up and greeted us in the Greek language;

---

[1] As gala is milk and tyros cheese, the goddess and the queen of the island are fitly chosen.

δὲ εἰς Φελλὼ τὴν αὑτῶν πατρίδα ἐπείγεσθαι. μέχρι μὲν οὖν τινος συνωδοιπόρουν ἡμῖν παραθέοντες, εἶτα ἀποτραπόμενοι τῆς ὁδοῦ ἐβάδιζον εὔπλοιαν ἡμῖν ἐπευξάμενοι.

Μετ᾽ ὀλίγον δὲ πολλαὶ νῆσοι ἐφαίνοντο, πλησίον μὲν ἐξ ἀριστερῶν ἡ Φελλώ, ἐς ἣν ἐκεῖνοι ἔσπευδον, πόλις ἐπὶ μεγάλου καὶ στρογγύλου φελλοῦ κατοικουμένη· πόρρωθεν δὲ καὶ μᾶλλον ἐν δεξιᾷ πέντε μέγισται καὶ ὑψηλόταται, καὶ πῦρ πολὺ ἀπ᾽ αὐτῶν ἀνεκαίετο, κατὰ δὲ τὴν πρῷραν μία πλατεῖα καὶ ταπεινή, σταδίους ἀπέχουσα οὐκ ἐλάττους πεντακοσίων. ἤδη δὲ πλησίον ἦμεν, καὶ θαυμαστή τις αὔρα περιέπνευσεν ἡμᾶς, ἡδεῖα καὶ εὐώδης, οἵαν φησὶν ὁ συγγραφεὺς Ἡρόδοτος ἀπόζειν τῆς εὐδαίμονος Ἀραβίας. οἷον γὰρ ἀπὸ ῥόδων καὶ ναρκίσσων καὶ ὑακίνθων καὶ κρίνων καὶ ἴων, ἔτι δὲ μυρρίνης καὶ δάφνης καὶ ἀμπελάνθης, τοιοῦτον ἡμῖν τὸ

they said that they were on their way to Cork, their native city. For some distance they travelled with us, running alongside, and then they turned off and went their way, wishing us luck on our voyage.

In a little while many islands came in sight. Near us, to port, was Cork, where the men were going, a city built on a great round cork. At a distance and more to starboard were five islands, very large and high, from which much fire was blazing up. Dead ahead was one that was flat and low-lying, not less than five hundred furlongs off. When at length we were near it, a wonderful breeze blew about us, sweet and fragrant, like the one that, on the word of the historian Herodotus,[1] breathes perfume from Araby the blest. The sweetness that met us was as if it came from roses and narcissi and hyacinths and lilies and violets, from myrrh and laurel

---

[1] 3, 113.

ἡδὺ προσέβαλλεν. ἡσθέντες δὲ τῇ ὀσμῇ καὶ χρηστὰ ἐκ μακρῶν πόνων ἐλπίσαντες κατ᾽ ὀλίγον ἤδη πλησίον τῆς νήσου ἐγινόμεθα. ἔνθα δὴ καὶ καθεωρῶμεν λιμένας τε πολλοὺς περὶ πᾶσαν ἀκλύστους καὶ μεγάλους, ποταμούς τε διαυγεῖς ἐξιέντας ἠρέμα εἰς τὴν θάλατταν, ἔτι δὲ λειμῶνας καὶ ὕλας καὶ ὄρνεα μουσικά, τὰ μὲ ἐπὶ τῶν ἠϊόνων ᾄδοντα, πολλὰ δὲ καὶ ἐπὶ τῶν κλάδων· ἀήρ τε κοῦφος καὶ εὔπνους περιεκέχυτο τὴν χώραν· καὶ

and vines in bloom. Delighted with the fragrance and cherishing high hopes after our long toils, we gradually drew near to the island at last. Then we saw many harbours all about it, large and unfretted by beating waves; transparent rivers emptying softly into the sea; meads, too, and woods and songbirds, some of them singing on the shore and many in the branches. A rare, pure atmosphere enfolded the place, and sweet breezes with their

αὖραι δέ τινες ἡδεῖαι πνέουσαι ἠρέμα τὴν ὕλην διεσάλευον, ὥστε καὶ ἀπὸ τῶν κλάδων κινουμένων τερπνὰ καὶ συνεχῆ μέλη ἀπεσυρίζετο, ἐοικότα τοῖς ἐπ᾽ ἐρημίας αὐλήμασι τῶν πλαγίων αὐλῶν. καὶ μὴν καὶ βοὴ σύμμικτος ἠκούετο ἄθρους, οὐ θορυβώδης, ἀλλ᾽ οἵα γένοιτ᾽ ἂν ἐν συμποσίῳ, τῶν μὲν αὐλούντων, τῶν δὲ ἐπαινούντων, ἐνίων δὲ κροτούντων πρὸς αὐλὸν ἢ κιθάραν. τούτοις ἅπασι

blowing stirred the woods gently, so that from the moving branches came a whisper of delightful, unbroken music, like the fluting of Pandean pipes in desert places. Moreover, a confused sound could be heard incessantly, which was not noisy but resembled that made at a drinking-party, when some are playing, others singing and others beating time to the flute or the lyre. Enchanted with all this, we put in, anchored our boat and landed, leaving

κηλούμενοι κατήχθημεν, ὁρμίσαντες δὲ τὴν ναῦν ἀπεβαίνομεν, τὸν Σκίνθαρον ἐν αὐτῇ καὶ δύο τῶν ἑταίρων ἀπολιπόντες. προϊόντες δὲ διὰ λειμῶνος εὐανθοῦς ἐντυγχάνομεν τοῖς φρουροῖς καὶ περιπόλοις, οἱ δὲ δήσαντες ἡμᾶς ῥοδίνοις στεφάνοισοῦτος γὰρ μέγιστος παρ' αὐτοῖς δεσμός ἐστινἀνῆγον ὡς τὸν ἄρχοντα, παρ' ὧν δὴ καὶ καθ' ὁδὸν ἠκούσαμεν ὡς ἡ μὲν νῆσος εἴη τῶν Μακάρων προσαγορευομένη, ἄρχοι δὲ ὁ Κρὴς Ῥαδάμανθυς. καὶ δὴ ἀναχθέντες ὡς αὐτὸν ἐν τάξει τῶν δικαζομένων ἔστημεν τέταρτοι. ἦν δὲ ἡ μὲν πρώτη δίκη περὶ Αἴαντος τοῦ Τελαμῶνος, εἴτε χρὴ αὐτὸν συνεῖναι τοῖς ἥρωσιν εἴτε καὶ μή· κατηγορεῖτο δὲ αὐτοῦ ὅτι μεμήνοι καὶ ἑαυτὸν ἀπεκτόνοι. τέλος δὲ πολλῶν ῥηθέντων ἔγνω ὁ Ῥαδάμανθυς, νῦν μὲν αὐτὸν πιόμενον τοῦ ἐλλεβόρου παραδοθῆναι Ἱπποκράτει τῷ Κῴῳ ἰατρῷ, ὕστερον δὲ σωφρονήσαντα μετέχειν τοῦ συμποσίου. δευτέρα δὲ ἦν

Scintharus and two of my comrades on board. Advancing through a flowery mead, we came upon the guards and sentinels, who bound us with rosy wreaths--the strongest fetter that they have--and led us inland to their ruler. They told us on the way that the island was the one that is called the Isle of the Blest, and that the ruler was the Cretan Rhadamanthus. On being brought before him, we were given fourth place among the people awaiting trial. The first case was that of Ajax, son of Telamon, to decide whether he should be allowed to associate with the heroes or not: he was accused of having gone mad and killed himself. At last, when much had been said, Rhadamanthus gave judgment that for the present he should be given in charge of Hippocrates, the Coan physician, to take the hellebore treatment, [1] and that later on, when he had recovered his wits, he should have a place at the table of the heroes. The second case was a love-

---

[1] A remedy for madness; Hor. Sat. 2. 3. 82.

κρίσις ἐρωτική, Θησέως καὶ Μενελάου περὶ τῆς Ἑλένης διαγωνιζομένων, ποτέρῳ χρὴ αὐτὴν συνοικεῖν. καὶ ὁ Ῥαδάμανθυς ἐδίκασε Μενελάῳ συνεῖναι αὐτὴν ἅτε καὶ τοσαῦτα πονήσαντι καὶ κινδυνεύσαντι τοῦ γάμου ἕνεκα·

καὶ γὰρ αὖ τῷ Θησεῖ καὶ ἄλλας εἶναι γυναῖκας, τήν τε Ἀμαζόνα καὶ τὰς τοῦ Μίνωος θυγατέρας. τρίτη δ᾽ ἐδικάσθη περὶ προεδρίας Ἀλεξάνδρῳ τε τῷ Φιλίππου καὶ Ἀννίβᾳ τῷ Καρχηδονίῳ, καὶ ἔδοξε προέχειν ὁ Ἀλέξανδρος, καὶ θρόνος αὐτῷ ἐτέθη παρὰ Κῦρον τὸν Πέρσην τὸν πρότερον. τέταρτοι δὲ ἡμεῖς προσήχθημεν· καὶ ὁ μὲν ἤρετο τί παθόντες ἔτι ζῶντες ἱεροῦ χωρίου ἐπιβαίημεν· ἡμεῖς δὲ πάντα ἑξῆς διηγησάμεθα. οὕτω δὴ μεταστησάμενος ἡμᾶς ἐπὶ πολὺν χρόνον ἐσκέπτετο καὶ τοῖς συνέδροις ἐκοινοῦτο περὶ ἡμῶν. συνήδρευον δὲ ἄλλοι τε

affair--Theseus and Menelaus at law over Helen, to determine which of the two she should live with. Rhadamanthus pronounced that she should live with Menelaus, because he had undergone so much toil and danger on account of his marriage: then too,

Theseus had other wives, the Amazon [1] and the daughters of Minos. [2] The third judgment was given in a matter of precedence between Alexander, son of Philip, and Hannibal of Carthage, and the decision was that Alexander outranked Hannibal, so his chair was placed next the elder Cyrus of Persia. [3] We were brought up fourth; and he asked us how it was that we trod on holy ground while still alive, and we told him the whole story. Then he had us removed, pondered for a long time, and consulted with his associates about us. Among many other associates he had Aristides the Just, of

[1] Hippolyta.
[2] Ariadne and Phaedra.
[3] Cf. Dialogues of the Dead, 25.

πολλοὶ καὶ Ἀριστείδης ὁ δίκαιος ὁ Ἀθηναῖος. ὡς δὲ ἔδοξεν αὐτῷ, ἀπεφήναντο, τῆς μὲν φιλοπραγμοσύνης καὶ τῆς ἀποδημίας, ἐπειδὰν ἀποθάνωμεν, δοῦναι τὰς εὐθύνας, τὸ δὲ νῦν ῥητὸν χρόνον μείναντας ἐν τῇ νήσῳ καὶ συνδιαιτηθέντας τοῖς ἥρωσιν ἀπελθεῖν. ἔταξαν δὲ καὶ τὴν προθεσμίαν τῆς ἐπιδημίας μὴ πλέον μηνῶν ἑπτά.

Τοὐντεῦθεν αὐτομάτων ἡμῖν τῶν στεφάνων περιρρυέντων ἐλελύμεθα καὶ εἰς τὴν πόλιν ἠγόμεθα καὶ εἰς τὸ τῶν Μακάρων συμπόσιον. αὐτὴ μὲν οὖν ἡ πόλις πᾶσα χρυσῆ, τὸ δὲ τεῖχος περίκειται σμαράγδινον· πύλαι δέ εἰσιν ἑπτά, πᾶσαι μονόξυλοι κινναμώμινοι· τὸ μέντοι ἔδαφος τῆς πόλεως καὶ ἡ ἐντὸς τοῦ τείχους γῆ ἐλεφαντίνη· ναοὶ δὲ πάντων θεῶν βηρύλλου λίθου ᾠκοδομημένοι, καὶ βωμοὶ ἐν αὐτοῖς μέγιστοι μονόλιθοι ἀμεθύστινοι, ἐφ᾽ ὧν ποιοῦσι τὰς

Athens. When he bad come to a conclusion, sentence was given that for being inquisitive and not staying at home we should be tried after death, but that for the present we might stop a definite . time in the island and share the life of the heroes, and then we must be off. They set the length of our stay at not more than seven months.

Thereupon our garlands fell away of themselves, and we were set free and taken into the city and to the table of the blessed. The city itself is all of gold and the wall around it of emerald. [1] It has seven gates, all all of single planks of cinnamon. The foundations of the city and the ground within its walls are ivory. There are temples of all the gods, built of beryl, and in them great monolithic altars of amethyst, on which they snake their great

---

[1] Lucian's city is not necessarily a parody on the New Jerusalem, though the scholiast so understood it.

ἑκατόμβας. περὶ δὲ τὴν πόλιν ῥεῖ ποταμὸς μύρου τοῦ καλλίστου, τὸ πλάτος πήχεων ἑκατὸν βασιλικῶν, βάθος δὲ [πέντε] ὥστε νεῖν εὐμαρῶς. λουτρὰ δέ ἐστιν αὐτοῖς οἶκοι μεγάλοι ὑάλινοι, τῷ κινναμώμῳ ἐγκαιόμενοι· ἀντὶ μέντοι τοῦ ὕδατος ἐν ταῖς πυέλοις δρόσος θερμὴ ἔστιν. ἐσθῆτι δὲ χρῶνται ἀραχνίοις λεπτοῖς, πορφυροῖς. αὐτοὶ δὲ σώματα μὲν οὐκ ἔχουσιν, ἀλλ᾽ ἀναφεῖς καὶ ἄσαρκοί εἰσιν, μορφὴν δὲ καὶ ἰδέαν μόνην ἐμφαίνουσιν, καὶ ἀσώματοι ὄντες ὅμως συνεστᾶσιν καὶ κινοῦνται καὶ φρονοῦσι καὶ φωνὴν ἀφιᾶσιν, καὶ ὅλως ἔοικε γυμνή τις ἡ ψυχὴ αὐτῶν περιπολεῖν τὴν τοῦ σώματος ὁμοιότητα περικειμένη· εἰ γοῦν μὴ ἅψαιτό τις, οὐκ ἂν ἐξελέγξειε μὴ εἶναι σῶμα τὸ ὁρώμενον· εἰσὶ γὰρ ὥσπερ σκιαὶ ὀρθαί, οὐ μέλαιναι. γηράσκει δὲ οὐδείς, ἀλλ᾽ ἐφ᾽ ἧς ἂν ἡλικίας ἔλθῃ παραμένει. οὐ μὴν οὐδὲ νὺξ παρ᾽ αὐτοῖς γίνεται, οὐδὲ ἡμέρα πάνυ λαμπρά· καθάπερ δὲ τὸ λυκαυγὲς ἤδη πρὸς ἕω,

burnt-offerings. Around the city runs a river of the finest myrrh, a hundred royal cubits wide and five deep, so that one can swim in it comfortably. For baths they have large houses of glass, warmed by burning cinnamon; instead of water there is hot dew in the tubs. For clothing they use delicate purple spider-webs. As for themselves, they have no bodies, but are intangible and fleshless, with only shape and figure. Incorporeal as they are, they nevertheless live and move and think and talk. In a word, it would appear that their naked souls go about in the semblance of their bodies. Really, if one did not touch them, he could not tell that what he saw was not a body, for they are like upright shadows, only not black. Nobody grows old, but stays the same age as on coming there. Again, it is neither night among them nor yet very bright day, but the light which is on the country is like the gray morning toward dawn, when the sun

μηδέπω ἀνατείλαντος ἡλίου, τοιοῦτο φῶς ἐπέχει τὴν γῆν. καὶ μέντοι καὶ ὥραν μίαν ἴσασιν τοῦ ἔτους· αἰεὶ γὰρ παρ᾽ αὐτοῖς ἔαρ ἐστὶ καὶ εἷς ἄνεμος πνεῖ παρ᾽ αὐτοῖς ὁ ζέφυρος. ἡ δὲ χώρα πᾶσι μὲν ἄνθεσιν, πᾶσι δὲ φυτοῖς ἡμέροις τε καὶ σκιεροῖς τέθηλεν· αἱ μὲν γὰρ ἄμπελοι δωδεκάφοροί εἰσιν καὶ κατὰ μῆνα ἕκαστον καρποφοροῦσιν· τὰς δὲ ῥοιὰς καὶ τὰς μηλέας καὶ τὴν ἄλλην ὀπώραν ἔλεγον εἶναι τρισκαιδεκάφορον· ἑνὸς γὰρ μηνὸς τοῦ παρ᾽ αὐτοῖς Μινῴου δὶς καρποφορεῖν· ἀντὶ δὲ πυροῦ οἱ στάχυες

has not yet risen. Moreover, they are acquainted with only one season of the year, for it is always spring there and the only wind that blows there is Zephyr. The country abounds in flowers and plants of all kinds, cultivated and otherwise. [1] The grape-vines yield twelve vintages a year, bearing every month; the pomegranates, apples and other fruit-trees were said to bear thirteen times a year, for in one month, their Minoan, they bear twice. Instead of wheat-ears, loaves of bread all baked grow on the tops of the

ἄρτον ἕτοιμον ἐπ᾽ ἄκρων φύουσιν ὥσπερ μύκητας. πηγαὶ δὲ περὶ τὴν πόλιν ὕδατος μὲν πέντε καὶ ἑξήκοντα καὶ τριακόσιαι, μέλιτος δὲ ἄλλαι τοσαῦται, μύρου δὲ πεντακόσιαι, μικρότεραι μέντοι αὗται, καὶ ποταμοὶ γάλακτος ἑπτὰ καὶ οἴνου ὀκτώ. Τὸ δὲ συμπόσιον ἔξω τῆς

balms, so that they look like mushrooms. In the neighbourhood of the city there are three hunted and sixty-five springs of water, as many of honey, five hundred of myrrh--much smaller, however--seven rivers of milk and eight of wine. Their table is spread outside

---

[1] Lucian makes a villainous pun here, contrasting hemeros (cultivated) with skieros (fond of darkness), as if the former word meant 'fond of daylight,' (hemera)!

πόλεως πεποίηνται ἐν τῷ Ἠλυσίῳ καλουμένῳ πεδίῳ· λειμὼν δέ ἐστιν κάλλιστος καὶ περὶ αὐτὸν ὕλη παντοία πυκνή, ἐπισκιάζουσα τοὺς κατακειμένους. καὶ στρωμνὴν μὲν ἐκ τῶν ἀνθῶν ὑποβέβληνται, διακονοῦνται δὲ καὶ παραφέρουσιν ἕκαστα οἱ ἄνεμοι πλήν γε τοῦ οἰνοχοεῖν· τούτου γὰρ οὐδὲν δέονται, ἀλλ᾽ ἔστι δένδρα περὶ τὸ συμπόσιον ὑάλινα μεγάλα τῆς διαυγεστάτης ὑάλου, καὶ καρπός ἐστι τῶν δένδρων τούτων ποτήρια παντοῖα καὶ τὰς κατασκευὰς καὶ τὰ μεγέθη. ἐπειδὰν οὖν παρίῃ τις ἐς τὸ συμπόσιον, τρυγήσας ἓν ἢ καὶ δύο τῶν ἐκπωμάτων παρατίθεται, τὰ δὲ αὐτίκα οἴνου πλήρη γίνεται. οὕτω μὲν πίνουσιν, ἀντὶ δὲ τῶν στεφάνων αἱ ἀηδόνες καὶ τὰ ἄλλα τὰ μουσικὰ ὄρνεα ἐκ τῶν πλησίον λειμώνων τοῖς στόμασιν ἀνθολογοῦντα κατανίφει αὐτοὺς μετ᾽ ᾠδῆς ὑπερπετόμενα. καὶ μὴν καὶ μυρίζονται ὧδε· νεφέλαι πυκναὶ ἀνασπάσασαι μύρον ἐκ τῶν πηγῶν καὶ τοῦ ποταμοῦ καὶ ἐπιστᾶσαι ὑπὲρ τὸ

the city in the Elysian Fields, a very beautiful mead with thick woods of all sorts round about it, overshadowing the feasters. The couches they lie on are made of flowers, and they are attended and served by the winds, who, however, do not pour out their wine, for they do not need anyone to do this. There are great trees of the clearest glass around the table, and instead of fruit they bear cups of all shapes and sizes. When anyone comes to table he picks one or two of the cups and puts them at his place. These fill with wine at once, and that is the way they get their drink. Instead of garlands, the nightingales and the other song-birds gather flowers in their bills from the fields hard by and drop them down like snow, flying overhead and singing. Furthermore, the way they are scented is that thick clouds draw up myrrh from the springs and the river, stand over the table and under the gentle manipula-tion of the winds rain down a

συμπόσιον ἠρέμα τῶν ἀνέμων ὑποθλιβόντων ὕουσι λεπτὸν ὥσπερ δρόσον. Ἐπὶ δὲ τῷ δείπνῳ μουσικῇ τε καὶ ᾠδαῖς σχολάζουσιν· ᾄδεται δὲ αὐτοῖς τὰ Ὁμήρου ἔπη μάλιστα· καὶ αὐτὸς δὲ πάρεστι καὶ συνευωχεῖται αὐτοῖς ὑπὲρ τὸν Ὀδυσσέα κατακείμενος. οἱ μὲν οὖν χοροὶ ἐκ παίδων εἰσὶν καὶ παρθένων·

ἐξάρχουσι δὲ καὶ συνᾴδουσιν Εὔνομός τε ὁ Λοκρὸς καὶ Ἀρίων ὁ Λέσβιος καὶ Ἀνακρέων καὶ Στησίχορος· καὶ γὰρ τοῦτον παρ᾽ αὐτοῖς ἐθεασάμην, ἤδη τῆς Ἑλένης αὐτῷ διηλλαγμένης. ἐπειδὰν δὲ οὗτοι παύσωνται ᾄδοντες, δεύτερος χορὸς παρέρχεται ἐκ κύκνων καὶ χελιδόνων καὶ ἀηδόνων. ἐπειδὰν δὲ καὶ οὗτοι ᾄσωσιν, τότε ἤδη πᾶσα ἡ ὕλη ἐπαυλεῖ τῶν ἀνέμων καταρχόντων. μέγιστον δὲ δὴ πρὸς εὐφροσύνην ἐκεῖνο ἔχουσιν· πηγαί εἰσι δύο παρὰ

delicate dew. At the board they pass their time with poetry and song. For the most part they sing the epics of Homer, who is there himself and shares the revelry, lying at table in the place above Odysseus. Their choruses are of boys and girls, led

and accompanied by Eunomus of Locris, Anion of Lesbos, Anacreon and Stesichorus. There can be no doubt about the latter, for I saw him there--by that time Helen had forgiven him. [1] When they stop singing another chorus appears, composed of swans and swallows and nightingales, and as they sing the whole wood renders the accompaniment, with the winds leading. But the greatest thing that they have for ensuring a good time is that

---

[1] Stesichorus had said harsh words of Helen, and was blinded by Castor and Pollux for his presumption. He recanted in a famous Palinode, of which some lines are still preserved (Plato, Phaedrus, 243), and so recovered his eyesight.

τὸ συμπόσιον, ἡ μὲν γέλωτος, ἡ δὲ ἡδονῆς· ἐκ τούτων ἑκατέρας πάντες ἐν ἀρχῇ τῆς εὐωχίας πίνουσιν καὶ τὸ λοιπὸν ἡδόμενοι καὶ γελῶντες διάγουσιν.

Βούλομαι δὲ εἰπεῖν καὶ τῶν ἐπισήμων οὕστινας παρ᾽ αὐτοῖς ἐθεασάμην· πάντας μὲν τοὺς ἡμιθέους καὶ τοὺς ἐπὶ Ἴλιον στρατεύσαντας πλήν γε δὴ τοῦ Λοκροῦ Αἴαντος, ἐκεῖνον δὲ μόνον ἔφασκον ἐν τῷ τῶν ἀσεβῶν χώρῳ κολάζεσθαι, βαρβάρων δὲ Κύρους τε ἀμφοτέρους καὶ τὸν Σκύθην Ἀνάχαρσιν καὶ τὸν Θρᾷκα Ζάμολξιν καὶ Νομᾶν τὸν Ἰταλιώτην, καὶ μὴν καὶ Λυκοῦργον τὸν Λακεδαιμόνιον καὶ Φωκίωνα καὶ Τέλλον τοὺς Ἀθηναίους, καὶ τοὺς σοφοὺς ἄνευ Περιάνδρου. εἶδον δὲ καὶ Σωκράτη τὸν Σωφρονίσκου ἀδολεσχοῦντα μετὰ Νέστορος καὶ Παλαμήδους· περὶ δὲ αὐτὸν ἦσαν Ὑάκινθός τε ὁ Λακεδαιμόνιος καὶ ὁ Θεσπιεὺς Νάρκισσος καὶ Ὕλας καὶ ἄλλοι καλοί. καί μοι ἐδόκει ἐρᾶν τοῦ Ὑακίνθου· τὰ πολλὰ γοῦν ἐκεῖνον διήλεγχεν. ἐλέγετο δὲ χαλεπαίνειν αὐτῷ ὁ

two springs are by the table, one of laughter and 'the other of enjoyment. They all drink from each of these when the revels begin, and thenceforth enjoy themselves and laugh all the while.

But I desire to mention the famous men whom I saw there. There were all the demigods and the veterans of Troy except Locrian Ajax, the only one, they said, who was being punished in the place of the wicked. Of the barbarians there were both Cyruses, the Scythian Anacharsis, the Thracian Zamolxis and Numa the Italian. In addition, there were Lycurgus of Sparta, Phocion and Tellus of Athens and the wise men, all but Periander. I also saw Socrates, the son of Sophroniscus, chopping logic with Nestor and Palamedes; about him were Hyacinthus of Sparta, Narcissus of Thespiae, Hylas and other handsome lads. It seemed to me that Hyacinthus was his especial favourite, for at any rate he refuted him most. It was said that Rhadamanthus

Ῥαδάμανθυς καὶ

ἠπειληκέναι πολλάκις ἐκβαλεῖν αὐτὸν ἐκ τῆς νήσου, ἢν φλυαρῇ καὶ μὴ ἐθέλῃ ἀφεὶς τὴν εἰρωνείαν εὐωχεῖσθαι. Πλάτων δὲ μόνος οὐ παρῆν, ἀλλ᾽ ἐλέγετο [καὶ] αὐτὸς ἐν τῇ ἀναπλασθείσῃ ὑπ᾽ αὐτοῦ πόλει οἰκεῖν χρώμενος τῇ πολιτείᾳ καὶ τοῖς νόμοις οἷς συνέγραψεν. οἱ μέντοι ἀμφ᾽ Ἀρίστιππόν τε ὄντες Ἐπίκουρον τὰ πρῶτα παρ᾽ αὐτοῖς ἐφέροντο ἡδεῖς τε ὄντες καὶ κεχαρισμένοι καὶ συμποτικώτατοι. παρῆν δὲ καὶ Αἴσωπος ὁ Φρύξ· τούτῳ δὲ ὅσα καὶ γελωτοποιῷ χρῶνται. Διογένης μέν γε ὁ Σινωπεὺς τοσοῦτον μετέβαλεν τοῦ τρόπου, ὥστε γῆμαι μὲν ἑταίραν τὴν Λαΐδα, ὀρχεῖσθαι δὲ πολλάκις ὑπὸ μέθης ἀνιστάμενον καὶ παροινεῖν. τῶν δὲ Στωϊκῶν οὐδεὶς παρῆν· ἔτι γὰρ ἐλέγοντο ἀναβαίνειν τὸν τῆς ἀρετῆς ὄρθιον λόφον. ἠκούομεν δὲ καὶ περὶ Χρυσίππου ὅτι οὐ πρότερον αὐτῷ ἐπιβῆναι τῆς νήσου θέμις, πρὶν τὸ τέταρτον ἑαυτὸν

was angry at Socrates and had often threatened to banish him from the island if he kept up his nonsense and would not quit his irony and be merry. Plato alone was not there: it was said that he was living in his imaginary city under the constitution and the laws that he himself wrote. The followers of Aristippus and Epicurus were in the highest favour among the heroes because they are pleasant and agreeable and jolly good fellows. Aesop the Phrygian was also there--they have him for a jester. Diogenes the Cynic had so changed his ways that he not only married Lais the courtesan, but often got up and danced and indulged in tomfoolery when he had had too much. None of the Stoics was there--they were said to be still on the way up the steep hill of virtue. With regard to Chrysippus, we heard tell that he is not permitted to set foot on the island until he submits

ἐλλεβορίσῃ. τοὺς δὲ Ἀκαδημαϊκοὺς ἔλεγον ἐθέλειν μὲν ἐλθεῖν, ἐπέχειν δὲ ἔτι καὶ διασκέπτεσθαι· μηδὲ γὰρ αὐτὸ τοῦτό πω καταλαμβάνειν, εἰ καὶ νῆσός τις τοιαύτη ἐστίν. ἄλλως τε τὴν ἐπὶ τοῦ Ῥαδαμάνθυος, οἶμαι, κρίσιν ἐδεδοίκεσαν, ἅτε καὶ τὸ κριτήριον αὐτοὶ ἀνῃρηκότες. πολλοὺς δὲ αὐτῶν ἔφασκον ὁρμηθέντας ἀκολουθεῖν τοῖς ἀφικνουμένοις ὑπὸ νωθείας ἀπολείπεσθαι μὴ καταλαμβάνοντας καὶ ἀναστρέφειν ἐκ μέσης τῆς ὁδοῦ.

Οὗτοι μὲν οὖν ἦσαν οἱ ἀξιολογώτατοι τῶν παρόντων. τιμῶσι δὲ μάλιστα τὸν Ἀχιλλέα καὶ μετὰ τοῦτον Θησέα. περὶ δὲ συνουσίας καὶ ἀφροδισίων

himself to the hellebore treatment for the fourth time.[1] They said that the Academicians wanted to come but were still holding off and debating, for they could not arrive at a conclusion even on the question whether such an island existed. Then too I suppose they feared to have Rhadamanthus judge them, as they themselves had abolished standards of judgment. It was said, however, that many of them had started to follow people coming thither, but fell behind through their slowness, being constitution- ally unable to arrive at anything, and so turned back half-way.

These were the most conspicuous of those present. They render especial honours to Achilles and after him to Theseus. About love-making their attitude

οὕτω φρονοῦσιν· μίσγονται   is such that they bill-and-coo

---

[1] See the Philosophers for Sale for another jest at Chrysippus' insanity.

μὲν ἀναφανδὸν πάντων ὁρώντων καὶ γυναιξὶ καὶ ἄρρεσι, καὶ οὐδαμῶς τοῦτο αὐτοῖς αἰσχρὸν δοκεῖ· μόνος δὲ Σωκράτης διώμνυτο ἦ μὴν καθαρῶς πλησιάζειν τοῖς νέοις· καὶ μέντοι πάντες αὐτοῦ ἐπιορκεῖν κατεγίνωσκον· πολλάκις γοῦν ὁ μὲν Ὑάκινθος ἢ ὁ Νάρκισσος ὡμολόγουν, ἐκεῖνος δὲ ἠρνεῖτο. αἱ δὲ γυναῖκές εἰσι πᾶσι κοιναὶ καὶ οὐδεὶς φθονεῖ τῷ πλησίον, ἀλλ᾽ εἰσὶ περὶ τοῦτο μάλιστα Πλατωνικώτατοι· καὶ οἱ παῖδες δὲ παρέχουσι τοῖς βουλομένοις οὐδὲν ἀντιλέγοντες.

Οὔπω δὲ δύο ἢ τρεῖς ἡμέραι διεληλύθεσαν, καὶ προσελθὼν ἐγὼ Ὁμήρῳ τῷ ποιητῇ, σχολῆς οὔσης ἀμφοῖν, τά τε ἄλλα ἐπυνθανόμην καὶ ὅθεν εἴη, λέγων τοῦτο μάλιστα παρ᾽ ἡμῖν εἰσέτι νῦν ζητεῖσθαι. ὁ δὲ οὐδ᾽ αὐτὸς μὲν ἀγνοεῖν ἔφασκεν ὡς οἱ μὲν Χῖον, οἱ δὲ Σμυρναῖον, πολλοὶ δὲ Κολοφώνιον αὐτὸν νομίζουσιν· εἶναι μέντοι γε ἔλεγεν Βαβυλώνιος, καὶ παρά γε τοῖς πολίταις οὐχ Ὅμηρος, ἀλλὰ Τιγράνης καλεῖσθαι· ὕστερον δὲ ὁμηρεύσας παρὰ τοῖς

openly, in plain sight of everyone, without any discrimination, and think no shame of it at all. Socrates, the only exception, used to protest that he was above suspicion in his relations with young persons, but everyone held him guilty of perjury. In fact, Hyacinthus and Narcissus often said that they knew better, but he persisted in his denial. They all have their wives in common and nobody is jealous of his neighbour; in this point they out-Plato Plato. Complaisance is the universal rule.

Hardly two or three days had passed before I went Up to Homer the poet when we were both at leisure, and questioned him about everything. "Above all," said I, "where do you come from? This point in particular is being investigated even yet at home." "I am not unaware," said he, "that some think me a Chian, some a Smyrniote and many a Colophonian. As a matter of fact, I am a Babylonian, and among my fellow-countrymen my name

Ἕλλησιν ἀλλάξαι τὴν προσηγορίαν. ἔτι δὲ καὶ περὶ τῶν ἀθετουμένων στίχων ἐπηρώτων, εἰ ὑπ᾽ ἐκείνου εἰσὶ γεγραμμένοι. καὶ ὃς ἔφασκε πάντας αὐτοῦ εἶναι. κατεγίνωσκον οὖν τῶν ἀμφὶ τὸν Ζηνόδοτον καὶ Ἀρίσταρχον γραμματικῶν πολλὴν τὴν ψυχρολογίαν. ἐπεὶ δὲ ταῦτα ἱκανῶς ἀπεκέκριτο, πάλιν αὐτὸν ἠρώτων τί δή ποτε ἀπὸ τῆς μήνιδος τὴν ἀρχὴν ἐποιήσατο· καὶ ὃς εἶπεν οὕτως ἐπελθεῖν αὐτῷ μηδὲν ἐπιτηδεύσαντι. καὶ μὴν κἀκεῖνο ἐπεθύμουν εἰδέναι, εἰ προτέραν ἔγραψεν τὴν Ὀδύσσειαν τῆς Ἰλιάδος,

was not Homer but Tigranes. Later on, when I was a hostage (homeros) among the Greeks, I changed my name." I went on to enquire whether the bracketed lines had been written by him, and he asserted that they were all his own: consequently I held the grammarians Zenodotus and Aristarchus guilty of pedantry in the highest degree. Since he had answered satisfactorily on these points, I next asked him why he began with the wrath of Achilles; and he said that it just came into his head that way, without any study. Moreover, I wanted to know whether he wrote the Odyssey before the Iliad, as most people say: he said no.

ὡς οἱ πολλοί φασιν· ὁ δὲ ἠρνεῖτο. ὅτι μὲν γὰρ οὐδὲ τυφλὸς ἦν, ὃ καὶ αὐτὸ περὶ αὐτοῦ λέγουσιν, αὐτίκα ἠπιστάμην· ἑώρα γάρ, ὥστε οὐδὲ πυνθάνεσθαι ἐδεόμην. πολλάκις δὲ καὶ ἄλλοτε τοῦτο ἐποίουν, εἴ ποτε αὐτὸν σχολὴν ἄγοντα ἑώρων· προσιὼν γὰρ ἄν τι ἐπυνθανόμην αὐτοῦ, καὶ

That he was not blind, as they say, I understood at once--I saw it, and so had no need to ask. Often again at other times I would do this when I saw him at leisure; I would go and make enquiries of him and he would give me a cordial answer to everything, particularly after the lawsuit

ὃς προθύμως πάντα ἀπεκρίνετο, καὶ μάλιστα μετὰ τὴν δίκην, ἐπειδὴ ἐκράτησεν· ἦν γάρ τις γραφὴ κατ᾽ αὐτοῦ ἀπενηνεγμένη ὕβρεως ὑπὸ Θερσίτου ἐφ᾽ οἷς αὐτὸν ἐν τῇ ποιήσει ἔσκωψεν, καὶ ἐνίκησεν ὁ Ὅμηρος Ὀδυσσέως συναγορεύοντος.

Κατὰ δὲ τοὺς αὐτοὺς χρόνους ἀφίκετο καὶ Πυθαγόρας ὁ Σάμιος ἑπτάκις ἀλλαγεὶς καὶ ἐν τοσούτοις ζῴοις βιοτεύσας καὶ ἐκτελέσας τῆς ψυχῆς τὰς περιόδους. ἦν δὲ χρυσοῦς ὅλον τὸ δεξιὸν ἡμίτομον. καὶ ἐκρίθη μὲν συμπολιτεύσασθαι αὐτοῖς, ἐνεδοιάζετο δὲ ἔτι πότερον Πυθαγόραν ἢ Εὔφορβον χρὴ αὐτὸν ὀνομάζειν. ὁ μέντοι Ἐμπεδοκλῆς ἦλθεν μὲν καὶ αὐτός, περίεφθος καὶ τὸ σῶμα ὅλον ὠπτημένος· οὐ μὴν παρεδέχθη καίτοι πολλὰ ἱκετεύων.

Προϊόντος δὲ τοῦ χρόνου ἐνέστη ὁ ἀγὼν ὁ παρ᾽ αὐτοῖς, τὰ Θανατούσια. ἠγωνοθέτει δὲ Ἀχιλλεὺς τὸ πέμπτον καὶ Θησεὺς τὸ ἕβδομον. τὰ μὲν

that he won, for a charge of libel had been brought against him by Thersites because of the way he had ridiculed him in the poem, and the case, was won by Homer, with Odysseus for his lawyer.

At about this time arrived Pythagoras of Samos who had undergone seven transformations, had lived in seven bodies and had now ended the migrations of his soul. All his right side was of gold. Judgment was pronounced that he should become a member of their community, but when I left the point was still at issue whether he ought to be called Pythagoras or Euphorbus. Empedocles came too, all burned and his body completely cooked, [1] but he was not received in spite of his many entreaties.

As time went on their games carne round, the Gaines of the Dead. The referees were Achilles, serving for the fifth time, and Theseus for the seventh. The full details

---

[1] From his leap into the crater of Aetna.

οὖν ἄλλα μακρὸν ἂν εἴη λέγειν· τὰ δὲ κεφάλαια τῶν πραχθέντων διηγήσομαι. πάλην μὲν ἐνίκησεν Κάρανος ὁ ἀφ᾽ Ἡρακλέους Ὀδυσσέα περὶ τοῦ στεφάνου καταγωνισάμενος· πυγμὴ δὲ ἴση ἐγένετο Ἀρείου τοῦ Αἰγυπτίου, ὃς ἐν Κορίνθῳ τέθαπται, καὶ Ἐπειοῦ ἀλλήλοις συνελθόντων. παγκρατίου δὲ οὐ τίθεται ἆθλα παρ᾽ αὐτοῖς. τὸν

would make a long story, but I shall tell the principal things that they did. In wrestling the winner was Caranus, the descendant of Heracles, who defeated Odysseus for the championship. The boxing was a draw between Areius the Egyptian, who is buried at Corinth, and Epeius. For combined boxing and wrestling they offer no

μέντοι δρόμον οὐκέτι μέμνημαι ὅστις ἐνίκησεν. ποιητῶν δὲ τῇ μὲν ἀληθείᾳ παρὰ πολὺ ἐκράτει Ὅμηρος, ἐνίκησεν δὲ ὅμως Ἡσίοδος. τὰ δὲ ἆθλα ἦν ἅπασι στέφανος πλακεὶς ἐκ πτερῶν ταωνείων. Ἄρτι δὲ τοῦ ἀγῶνος συντετελεσμένου ἠγγέλλοντο οἱ ἐν τῷ χώρῳ τῶν ἀσεβῶν κολαζόμενοι ἀπορρήξαντες τὰ δεσμὰ καὶ τῆς φρουρᾶς ἐπικρατήσαντες ἐλαύνειν ἐπὶ τὴν νῆσον· ἡγεῖσθαι δὲ αὐτῶν Φάλαρίν τε τὸν Ἀκραγαντῖνον καὶ Βούσιριν τὸν Αἰγύπτιον καὶ Διομήδη τὸν Θρᾷκα καὶ τοὺς περὶ Σκείρωνα καὶ Πιτυοκάμπτην. ὡς δὲ ταῦτα

prizes. In the foot-race I do not remember who won and in poetry, Homer was really far the best man, but Hesiod won. The prize in each case was a crown that was plaited of peacock feathers.
Hardly had the games been concluded when word came that those who were under punishment in the place of the wicked had burst their bonds, bad overpowered their guard, and were advancing on the island: that they were under the leadership of Phalaris of Acragas, Busiris the Egyptian, Diomed of Thrace, and Sciron and Pityocamptes.

ἤκουσεν ὁ Ῥαδάμανθυς, ἐκτάσσει τοὺς ἥρωας ἐπὶ τῆς ἠϊόνος· ἡγεῖτο δὲ Θησεύς τε καὶ Ἀχιλλεὺς καὶ Αἴας ὁ Τελαμώνιος ἤδη σωφρονῶν· καὶ συμμίξαντες ἐμάχοντο, καὶ ἐνίκησαν οἱ ἥρωες, Ἀχιλλέως τὰ πλεῖστα κατορθώσαντος. ἠρίστευσε δὲ καὶ Σωκράτης ἐπὶ τῷ δεξιῷ ταχθείς, πολὺ μᾶλλον ἢ ὅτε ζῶν ἐπὶ Δηλίῳ ἐμάχετο. προσιόντων γὰρ τεττάρων πολεμίων οὐκ ἔφυγε καὶ τὸ πρόσωπον ἄτρεπτος ἦν· ἐφ᾽ οἷς καὶ ὕστερον ἐξῃρέθη αὐτῷ ἀριστεῖον, καλός τε καὶ μέγας παράδεισος ἐν τῷ προαστείῳ, ἔνθα καὶ συγκαλῶν τοὺς ἑταίρους διελέγετο, Νεκρακαδημίαν τὸν τόπον προσαγορεύσας. συλλαβόντες οὖν τοὺς νενικημένους καὶ δήσαντες ἀπέπεμψαν ἔτι μᾶλλον κολασθησομένους. ἔγραψεν δὲ καὶ ταύτην τὴν μάχην Ὅμηρος καὶ ἀπιόντι μοι ἔδωκεν τὰ βιβλία κομίζειν τοῖς παρ᾽ ἡμῖν ἀνθρώποις· ἀλλ᾽ ὕστερον καὶ ταῦτα μετὰ τῶν ἄλλων ἀπωλέσαμεν. ἦν δὲ ἡ ἀρχὴ τοῦ ποιήματος αὕτη,

Νῦν δέ μοι ἔννεπε, Μοῦσα, μάχην νεκύων ἡρώων.

When Rhadamanthus heard of this he mustered the heroes on the shore. They were led by Theseus, Achilles and Ajax, the son of Telamon, who by this time had recovered his wits. They engaged and fought, and the heroes won. Achilles contributed most to their success, but Socrates, who was stationed on the right wing, was brave, too--far more so than when he fought at Delium in his lifetime. When four of the enemy came at him he did not run away or change countenance. For this they afterwards gave him a special reward, a beautiful great park in the suburbs, where he used to gather his comrades and dispute: he named the place the Academy of the Dead. Arresting the losers and putting them in irons, they sent them off to be punished still more severely than before. An account of this battle was written by Homer, and as I was leaving he gave me the book to take to the people at home, but later I

lost it along with everything else. The poem began:

This time sing me, O Muse, of the shades of the heroes in battle

τότε δ᾽ οὖν κυάμους ἑψήσαντες, ὥσπερ παρ᾽ αὐτοῖς νόμος ἐπειδὰν τὸν πόλεμον κατορθώσωσιν, εἰστιῶντο τὰ ἐπινίκια καὶ ἑορτὴν μεγάλην ἦγον· μόνος δὲ αὐτῆς οὐ μετεῖχε Πυθαγόρας, ἀλλ᾽ ἄσιτος πόρρω ἐκαθέζετο μυσαττόμενος τὴν κυαμοφαγίαν.

Ἤδη δὲ μηνῶν ἓξ διεληλυθότων περὶ μεσοῦντα τὸν ἕβδομον νεώτερα συνίστατο πράγματα· Κινύρας ὁ τοῦ Σκινθάρου παῖς, μέγας ὢν καὶ καλός, ἤρα πολὺν ἤδη χρόνον τῆς Ἑλένης, καὶ αὐτὴ δὲ οὐκ ἀφανὴς ἦν ἐπιμανῶς ἀγαπῶσα τὸν νεανίσκον· πολλάκις γοῦν καὶ διένευον ἀλλήλοις ἐν τῷ συμποσίῳ καὶ προὔπινον καὶ μόνοι ἐξανιστάμενοι ἐπλανῶντο περὶ τὴν ὕλην. καὶ δή ποτε ὑπ᾽

But to return--they cooked beans,[1] as is their custom when they are successful at war, had a feast in honour of the victory and made a great holiday. Pythagoras was the only one who did not take part in it; he sat by himself and went dinnerless because he detested beans.

Six months had passed and it was about the middle of the seventh when sedition arose. Cinyras, the son of Scintharus, a tall and handsome lad, had long been in love with Helen, and it was no secret that she herself was madly ena- moured of the boy. For instance, they often winked to one another at table, drank to each other and got up together and wandered about the wood. Well, one fine day through love and despair Cinyras determined

---

[1] An allusion to the Pyanepsia, the Athenian Beanfeast.

ἔρωτος καὶ ἀμηχανίας
ἐβουλεύσατο ὁ Κινύρας
ἁρπάσας τὴν Ἑλένην ἐδόκει δὲ
κἀκείνῃ ταῦταοἴχεσθαι
ἀπιόντας ἔς τινα τῶν
ἐπικειμένων νήσων, ἤτοι ἐς
τὴν Φελλὼ ἢ ἐς τὴν
Τυρόεσσαν. συνωμότας δὲ
πάλαι προσειλήφεσαν τρεῖς
τῶν ἑταίρων τῶν ἐμῶν τοὺς
θρασυτάτους. τῷ μέντοι πατρὶ
οὐκ ἐμήνυσε ταῦτα· ἠπίστατο
γὰρ ὑπ᾽ αὐτοῦ
κωλυθησόμενος. ὡς δὲ ἐδόκει
αὐτοῖς, ἐτέλουν τὴν
ἐπιβουλήν. καὶ ἐπειδὴ νὺξ
ἐγένετοἐγὼ μὲν οὐ παρήμην·
ἐτύγχανον γὰρ ἐν τῷ
συμποσίῳ κοιμώμενοσοὶ δὲ
λαθόντες τοὺς ἄλλους
ἀναλαβόντες τὴν Ἑλένην ὑπὸ
σπουδῆς ἀνήχθησαν. περὶ δὲ
τὸ μεσονύκτιον ἀνεγρόμενος ὁ
Μενέλαος ἐπεὶ ἔμαθεν τὴν
εὐνὴν κενὴν τῆς γυναικός,
βοήν τε ἠφίει καὶ τὸν ἀδελφὸν
παραλαβὼν ἦλθε πρὸς τὸν
βασιλέα τὸν Ῥαδάμανθυν.
ἡμέρας δὲ ὑποφαινούσης
ἔλεγον οἱ σκοποὶ καθορᾶν τὴν
ναῦν πολὺ ἀπέχουσαν· οὕτω
δὴ ἐμβιβάσας ὁ Ῥαδάμανθυς

to rape Helen--she agreed to it--and go to one of the islands in the offing, either Cork or Cheesie. As accomplices they had long ago taken on three of the most reckless of my comrades; but Cinyras did not inform his father, for he knew that he would not let him do it. When they had come to. a decision, they carried out their stratagem. It was at nightfall, and I was not on hand, as I chanced to be taking a nap under the table. Without the knowledge of the rest they carried Helen off and put to sea in haste. About midnight, when Menelaus woke up, and found that his wife was not in bed, he made a great stir and took his brother and went to King Rhadamanthus. But as day began to break the lookouts said that they saw the ship far out at sea. Then Rhadamanthus put fifty of the heroes aboard a

πεντήκοντα τῶν ἡρώων εἰς ναῦν μονόξυλον ἀσφοδελίνην παρήγγειλε διώκειν· οἱ δὲ ὑπὸ προθυμίας ἐλαύνοντες περὶ μεσημβρίαν καταλαμβάνουσιν αὐτοὺς ἄρτι ἐς τὸν γαλακτώδη τοῦ ὠκεανοῦ τόπον ἐμβαίνοντας πλησίον τῆς Τυροέσσης· παρὰ τοσοῦτον ἦλθον διαδρᾶναι· καὶ ἀναδησάμενοι τὴν ναῦν ἁλύσει ῥοδίνῃ κατέπλεον. ἡ μὲν οὖν Ἑλένη ἐδάκρυέν τε καὶ ᾐσχύνετο καὶ ἐνεκαλύπτετο, τοὺς δὲ ἀμφὶ τὸν Κινύραν ἀνακρίνας πρότερον ὁ Ῥαδάμανθυς, εἴ τινες καὶ ἄλλοι αὐτοῖς συνίσασιν, ὡς οὐδένα εἶπον, ἐκ τῶν αἰδοίων δήσας ἀπέπεμψεν ἐς τὸν τῶν ἀσεβῶν χῶρον μαλάχῃ πρότερον μαστιγω-θέντας. ἐψηφίσαντο δὲ καὶ ἡμᾶς ἐμπροθέσμους ἐκπέμπειν ἐκ τῆς νήσου, τὴν ἐπιοῦσαν ἡμέραν μόνην ἐπιμείναντας.

Ἐνταῦθα δὴ ἐγὼ ἐποτνιώμην τε καὶ ἐδάκρυον οἷα ἔμελλον ἀγαθὰ καταλιπὼν αὖθις πλανήσεσθαι. αὐτοὶ μέντοι παρεμυθοῦντο λέγοντες οὐ πολλῶν ἐτῶν ἀφίξεσθαι πάλιν ὡς αὐτούς, καί μοι ἤδη εἰς

ship made of a single log of asphodel and ordered them to give chase. Rowing with a will, they overtook them about noon, just as they were entering the milky place in the ocean near Cheesie--that is all they lacked of escaping! Securing the ship with a hawser of roses, they sailed home. Helen cried and hid her head for shame. As to Cinyras and the rest, first Rhadamanthus asked them if they had any other accomplices, and they said no; then he had them secured by the offending member and sent them away to the place of the wicked, after they had been first scourged with mallow. The heroes voted, too, that we be dismissed from the island before our time was up, remaining only till the next day.

Thereupon I began to cry aloud and weep because I had to leave such blessings behind me and resume my wanderings. But they cheered me up, saying that before many years I should come back to them again, and they even pointed

τοὐπιὸν θρόνον τε καὶ κλισίαν ἐπεδείκνυσαν πλησίον τῶν ἀρίστων. ἐγὼ δὲ προσελθὼν τῷ Ῥαδαμάνθυι πολλὰ ἱκέτευον εἰπεῖν τὰ μέλλοντα καὶ ὑποδεῖξαί μοι τὸν πλοῦν. ὁ δὲ ἔφασκεν ἀφίξεσθαι μὲν εἰς τὴν πατρίδα πολλὰ πρότερον πλανηθέντα καὶ κινδυνεύσαντα, τὸν δὲ χρόνον οὐκέτι τῆς ἐπανόδου προσθεῖναι ἠθέλησεν· ἀλλὰ δὴ καὶ δεικνὺς τὰς πλησίον νήσουσἐφαίνοντο δὲ πέντε τὸν ἀριθμόν, ἄλλη δὲ ἕκτη πόρρωθενταύτας μὲν εἶναι ἔφασκεν τῶν ἀσεβῶν, τὰς πλησίον, Ἀφ' ὧν, ἔφη, ἤδη τὸ πολὺ πῦρ ὁρᾷς καιόμενον, ἕκτη δὲ ἐκείνη τῶν ὀνείρων ἡ πόλις· μετὰ ταύτην δὲ ἡ τῆς Καλυψοῦς νῆσος, ἀλλ'

out to me my future chair and couch, close to the best people. I went to Rhadamanthus and earnestly besought him to tell me what would happen and indicate my course. He said that I should reach my native land in spite of many wanderings and dangers, but refused to tell the time of my return. However, pointing out the islands near by--there were five in sight and a sixth in the distance--,"These," said he, "are the Isles of the Wicked, here close at hand, from which you see all the smoke arising: the sixth yonder is the City of Dreams. Next comes the island of Calypso, but

οὐδέπω σοι φαίνεται. ἐπειδὰν δὲ ταύτας παραπλεύσῃς, τότε δὴ ἀφίξῃ εἰς τὴν μεγάλην ἤπειρον τὴν ἐναντίαν τῇ ὑφ' ὑμῶν κατοικουμένῃ· ἐνταῦθα δὴ πολλὰ παθὼν καὶ ποικίλα ἔθνη διελθὼν καὶ ἀνθρώποις ἀμίκτοις ἐπιδημήσας χρόνῳ ποτὲ ἥξεις εἰς τὴν ἑτέραν

you cannot see it yet. When you have sailed by these, you will finally come to the great continent opposite the one which your people inhabit. Then at last, after you have had many adventures and have travelled through all sorts of countries and lived among unfriendly men, in

ἤπειρον.

Τοσαῦτα εἶπεν, καὶ ἀνασπάσας ἀπὸ τῆς γῆς μαλάχης ῥίζαν ὤρεξέν μοι, ταύτῃ κελεύσας ἐν τοῖς μεγίστοις κινδύνοις προσεύχεσθαι· παρήνεσε δὲ εἰ καί ποτε ἀφικοίμην ἐς τήνδε τὴν γῆν, μήτε πῦρ μαχαίρᾳ σκαλεύειν μήτε θέρμους ἐσθίειν μήτε παιδὶ ὑπὲρ τὰ ὀκτωκαίδεκα ἔτη πλησιάζειν· τούτων γὰρ ἂν μεμνημένον ἐλπίδας ἔχειν τῆς εἰς τὴν νῆσον ἀφίξεως. Τότε μὲν οὖν τὰ περὶ τὸν πλοῦν παρεσκευασάμην, καὶ ἐπεὶ καιρὸς ἦν, συνειστιώμην αὐτοῖς. τῇ δὲ ἐπιούσῃ ἐλθὼν πρὸς Ὅμηρον τὸν ποιητὴν ἐδεήθην αὐτοῦ ποιῆσαί μοι δίστιχον ἐπίγραμμα· καὶ ἐπειδὴ ἐποίησεν, στήλην βηρύλλου λίθου ἀναστήσας ἐπέγραψα πρὸς τῷ λιμένι. τὸ δὲ ἐπίγραμμα ἦν τοιόνδε·

Λουκιανὸς τάδε πάντα φίλος μακάρεσσι θεοῖσιν
εἶδέ τε καὶ πάλιν ἦλθε φίλην ἐς πατρίδα γαῖαν.

μείνας δὲ κἀκείνην τὴν ἡμέραν,

course of time you will reach the other continent."

With these words he plucked a root of mallow from the ground and handed it to me, telling me to pray to it in my greatest straits. And he advised me if ever I reached this country, neither to stir the fire with a sword-blade nor to eat lupines nor to make love to anyone over eighteen, [1] saying that if I bore these points in mind I might have good hopes of getting back to the island.

Well, I made preparations for the voyage, and when the time came, joined them at the feast. On the next day I went to the poet Homer and begged him to compose me a couplet to carve up, and when he had done so, I set up a slab of beryl near the harbour and had the couplet carved on it. It was:

One Lucian, whom the blessed gods befriend,
Beheld what's here, and home again did wend. I

---

[1] The first is a real Pythagorean precept, or what passed for such (Plut. Mor. 12 E); the other two are parodies

τῇ ἐπιούσῃ ἀνηγόμην τῶν ἡρώων παραπεμπόντων. ἔνθα μοι καὶ Ὀδυσσεὺς προσελθὼν λάθρᾳ τῆς Πηνελόπης δίδωσιν ἐπιστολὴν εἰς Ὠγυγίαν τὴν νῆσον Καλυψοῖ κομίζειν. συνέπεμψε δέ μοι ὁ Ῥαδάμανθυς τὸν πορθμέα Ναύπλιον, ἵν᾽ ἐὰν καταχθείημεν

stayed that day, too, and put to sea on the next, escorted by the heroes. At that juncture Odysseus came to me without the knowledge of Penelope and gave me a letter to carry to Ogygia Island, to Calypso. Rhadamanthus sent the pilot Nauplius with me, so that if we touched at the

ἐς τὰς νήσους, μηδεὶς ἡμᾶς συλλάβῃ ἅτε κατ᾽ ἄλλην ἐμπορίαν καταπλέοντας.
Ἐπεὶ δὲ τὸν εὐώδη ἀέρα προϊόντες παρεληλύθειμεν, αὐτίκα ἡμᾶς ὀσμή τε δεινὴ διεδέχετο οἷον ἀσφάλτου καὶ θείου καὶ πίττης ἅμα καιομένων, καὶ κνῖσα δὲ πονηρὰ καὶ ἀφόρητος ὥσπερ ἀνθρώπων ὀπτωμένων, καὶ ὁ ἀὴρ ζοφερὸς καὶ ὀμιχλώδης, καὶ κατέσταζεν ἐξ αὐτοῦ δρόσος πιττίνη· ἠκούομεν δὲ καὶ μαστίγων ψόφον καὶ οἰμωγὴν ἀνθρώπων πολλῶν. ταῖς μὲν οὖν ἄλλαις οὐ προσέσχομεν, ἧς δὲ ἐπέβημεν, τοιάδε ἦν· κύκλῳ μὲν πᾶσα κρημνώδης καὶ ἀπόξυρος, πέτραις καὶ τράχωσι

islands no one might arrest us, thinking we were putting in on another errand.
Forging ahead, we had passed out of the fragrant atmosphere when of a sudden a terrible odour greeted-us as of asphalt, sulphur, and pitch burning together, and a vile, insufferable stench as of roasting human flesh: the atmosphere was murky and foggy, and a pitchy dew distilled from it. Likewise we heard the noise of scourges and the wailing of many men. The other islands we did not touch at, but the one on which we landed was precipitous and sheer on all sides; it was roughened with

κατεσκληκυῖα, δένδρον δ᾽ οὐδὲν οὐδὲ ὕδωρ ἐνῆν· ἀνερπύσαντες δὲ ὅμως κατὰ τοὺς κρημνοὺς προῄειμεν διά τινος ἀκανθώδους καὶ σκολόπων μεστῆς ἀτραποῦ, πολλὴν ἀμορφίαν τῆς χώρας ἐχούσης. ἐλθόντες δὲ ἐπὶ τὴν εἰρκτὴν καὶ τὸ κολαστήριον, πρῶτα μὲν τὴν φύσιν τοῦ τόπου ἐθαυμάζομεν· τὸ μὲν γὰρ ἔδαφος αὐτὸ μαχαίραις καὶ σκόλοψι πάντη ἐξηνθήκει, κύκλῳ δὲ ποταμοὶ περιέρρεον, ὁ μὲν βορβόρου, ὁ δὲ δεύτερος αἵματος, ὁ δὲ ἔνδον πυρός, πάνυ μέγας οὗτος καὶ ἀπέρατος, καὶ ἔρρει ὥσπερ ὕδωρ καὶ ἐκυματοῦτο ὥσπερ θάλαττα, καὶ ἰχθῦς δὲ εἶχεν πολλούς, τοὺς μὲν δαλοῖς προσεοικότας, τοὺς δὲ μικροὺς ἄνθραξι πεπυρωμένοις· ἐκάλουν δὲ αὐτοὺς λυχνίσκους. εἴσοδος δὲ μία στενὴ διὰ πάντων ἦν, καὶ πυλωρὸς ἐφειστήκει Τίμων ὁ Ἀθηναῖος. παρελθόντες δὲ ὅμως τοῦ Ναυπλίου καθηγουμένου ἐωρῶμεν κολαζομένους πολλοὺς μὲν βασιλέας, πολλοὺς δὲ καὶ ἰδιώτας, ὧν ἐνίους καὶ

rocks and stony places, and there was neither tree nor water in it. We crawled up the cliffs, however, and went ahead in a path full of thorns and calthrops, finding the country very ugly. On coming to the enclosure and the place of punishment, first of all we wondered at the nature of the region. The ground itself was all sown with sword blades and calthrops, and around it flowed three rivers, one of mud, the second of blood and the inmost one of fire. The latter was very large, and impossible to cross: it ran like water and undulated like the sea, and it contained many fish, some similar to torches, and some, a smaller variety, to live coals. They called them candlefish. There was a single narrow way leading in, past all the rivers, and the warder set there was Timon of Athens. We got through, however, and with Nauplius for our conductor we saw many kings undergoing punishment, and many commoners too. Some of

ἐγνωρίζομεν· εἴδομεν δὲ καὶ τὸν Κινύραν καπνῷ ὑποτυφόμενον

ἐκ τῶν αἰδοίων ἀπηρτημένον. προσετίθεσαν δὲ οἱ περιηγηταὶ καὶ τοὺς ἑκάστων βίους καὶ τὰς ἁμαρτίας ἐφ᾽ αἷς κολάζονται· καὶ μεγίστας ἁπασῶν τιμωρίας ὑπέμενον οἱ ψευσάμενοί τι παρὰ τὸν βίον καὶ οἱ μὴ τὰ ἀληθῆ συγγεγραφότες, ἐν οἷς καὶ Κτησίας ὁ Κνίδιος ἦν καὶ Ἡρόδοτος καὶ ἄλλοι πολλοί. τούτους οὖν ὁρῶν ἐγὼ χρηστὰς εἶχον εἰς τοὐπιὸν τὰς ἐλπίδας· οὐδὲν γὰρ ἐμαυτῷ ψεῦδος εἰπόντι συνηπιστάμην. ταχέως δ᾽ οὖν ἀναστρέψας ἐπὶ τὴν ναῦνοὐδὲ γὰρ ἠδυνάμην φέρειν τὴν ὄψιν--ἀσπασάμενος τὸν Ναύπλιον ἀπέπλευσα. Καὶ μετ᾽ ὀλίγον ἐφαίνετο πλησίον ἡ τῶν ὀνείρων νῆσος, ἀμυδρὰ καὶ ἀσαφὴς ἰδεῖν· ἔπασχε δὲ καὶ αὐτή τι τοῖς ὀνείροις παραπλήσιον· ὑπεχώρει γὰρ προσιόντων ἡμῶν καὶ ὑπέφευγε καὶ πορρωτέρω ὑπέβαινε. καταλαβόντες δέ ποτε αὐτὴν καὶ εἰσπλεύσαντες εἰς τὸν

them we even recognized, and we saw Cinyras triced up as aforesaid in the smoke of a slow fire. The guides told the life of each, and the crimes for which they were being punished; and the severest punishment of all fell to those who told lies while in life and those who had written what was not true, among whom were Ctesias of Cnidos, Herodotus and many more. On seeing them, I had good hopes for the future, for I have never told a lie that I know of. Well, I turned back to the ship quickly, for I could not endure the sight, said good-bye to Nauplius, and sailed away.

After a short time the Isle of Dreams came in sight close by, faint and uncertain to the eye. It had itself some likeness to a dream, for as we approached it receded and retired and retreated to a greater distance. Overtaking it at length and sailing into the harbour called Sleep, we

Ὕπνον   λιμένα
προσαγορευόμενον   πλησίον
τῶν πυλῶν τῶν ἐλεφαντίνων, ᾗ
τὸ τοῦ Ἀλεκτρυόνος ἱερόν
ἐστιν,   περὶ   δείλην   ὀψίαν
ἀπεβαίνομεν· παρελθόντες δὲ
ἐς τὴν πόλιν πολλοὺς ὀνείρους
καὶ   ποικίλους   ἑωρῶμεν.
πρῶτον δὲ βούλομαι περὶ τῆς
πόλεως εἰπεῖν, ἐπεὶ μηδὲ ἄλλῳ
τινὶ γέγραπται περὶ αὐτῆς, ὃς
δὲ   καὶ   μόνος   ἐπεμνήσθη
Ὅμηρος,   οὐ   πάνυ   ἀκριβῶς
συνέγραψεν. κύκλῳ μὲν περὶ
πᾶσαν αὐτὴν ὕλη ἀνέστηκεν,
τὰ δένδρα δέ ἐστι μήκωνες
ὑψηλαὶ καὶ μανδραγόραι καὶ
ἐπ' αὐτῶν πολύ τι πλῆθος
νυκτερίδων· τοῦτο γὰρ μόνον
ἐν τῇ νήσῳ γίνεται ὄρνεον.
ποταμὸς δὲ παραρρέει πλησίον
ὁ ὑπ' αὐτῶν καλούμενος
Νυκτιπόρος, καὶ πηγαὶ δύο
παρὰ τὰς πύλας· ὀνόματα καὶ
ταύταις, τῇ μὲν

landed near the ivory gates, where the sanctuary of the Cock is, about dusk, and on entering the city, we saw many dreams of all sorts. But first I desire to speak of the city itself, since no one else has written about it, and Homer, the only one to mention it at all, was not quite accurate in what he said. [1] On all sides of it is a wood, in which the trees are tall poppies and mandragoras, and they have a great number of bats in them; for there is no other winged thing in the island. A river flows near which they call Sleepwalker, and there are two springs by the gates,

Νήγρετος, τῇ δὲ Παννυχία. ὁ
περίβολος δὲ τῆς πόλεως
ὑψηλός τε καὶ ποικίλος, ἴριδι
τὴν χρόαν ὁμοιότατος· πύλαι
μέντοι ἔπεισιν οὐ δύο,

named Soundly and Eight-hours. The wall of the city is high and parti-coloured, very like a rainbow in tint. The gates in it are not two, as

---

[1] Odyss. 19, 560 ff.

καθάπερ Ὅμηρος εἴρηκεν, ἀλλὰ τέσσαρες, δύο μὲν πρὸς τὸ τῆς Βλακείας πεδίον ἀποβλέπουσαι, ἡ μὲν σιδηρᾶ, ἡ δὲ κεράμου πεποιημένη, καθ᾽ ἃς ἐλέγοντο ἀποδημεῖν αὐτῶν οἵ τε φοβεροὶ καὶ φονικοὶ καὶ ἀπηνεῖς, δύο δὲ πρὸς τὸν λιμένα καὶ τὴν θάλατταν, ἡ μὲν κερατίνη, ἡ δὲ καθ᾽ ἣν ἡμεῖς παρήλθομεν ἐλεφαντίνη. εἰσιόντι δὲ εἰς τὴν πόλιν ἐν δεξιᾷ μέν ἐστι τὸ Νυκτῷον·σέβουσι γὰρ θεῶν ταύτην μάλιστα καὶ τὸν Ἀλεκτρυόνα· ἐκείνῳ δὲ πλησίον τοῦ λιμένος τὸ ἱερὸν πεποίηται·ἐν ἀριστερᾷ δὲ τὰ τοῦ Ὕπνου βασίλεια. οὗτος γὰρ δὴ ἄρχει παρ᾽ αὐτοῖς σατράπας δύο καὶ ὑπάρχους πεποιημένος, Ταραξίωνά τε τὸν Ματαιογένους καὶ Πλουτοκλέα τὸν Φαντασίωνος. ἐν μέσῃ δὲ τῇ ἀγορᾷ πηγή τίς ἐστιν, ἣν καλοῦσι Καρεῶτιν· καὶ πλησίον ναοὶ δύο, Ἀπάτης καὶ Ἀληθείας· ἔνθα καὶ τὸ ἄδυτόν ἐστιν αὐτοῖς καὶ τὸ μαντεῖον, οὗ προεστήκει προφητεύων Ἀντιφῶν ὁ τῶν ὀνείρων ὑποκριτής, ταύτης παρὰ τοῦ Ὕπνου λαχὼν τῆς

Homer says, but four. Two face Slowcoach Plain, one of which is of iron and the other of earthenware; through these, it is said, the fearful, murderous, revolting dreams go out. The other two face the harbour and the sea, one of which is of horn and the other, through which we came in, of ivory. As one enters the city, on the right is the temple of Night, for the gods they worship most are Night and the Cock, whose sanctuary is built near the harbour. On the left is the palace of Sleep, who rules among them and has appointed two satraps or lieutenants, Nightmare, son of Causeless, and Rich, son of Fancy. In the centre of the square is a spring which they call Drowsimere, and close to it are two temples, that of Falsehood and that of Truth. There too is their holy of holies and their oracle, which Antiphon, the interpreter of dreams, presided over as prophet, having had this office from Sleep. As to the dreams themselves, they

τιμῆς. αὐτῶν μέντοι τῶν ὀνείρων οὔτε φύσις οὔτε ἰδέα ἡ αὐτή, ἀλλ᾽ οἱ μὲν μακροὶ ἦσαν καὶ καλοὶ καὶ εὐειδεῖς, οἱ δὲ μικροὶ καὶ ἄμορφοι, καὶ οἱ μὲν χρύσεοι, ὡς ἐδόκουν, οἱ δὲ ταπεινοί τε καὶ εὐτελεῖς. ἦσαν δ᾽ ἐν αὐτοῖς καὶ πτερωτοί τινες καὶ τερατώδεις, καὶ ἄλλοι καθάπερ ἐς πομπὴν διεσκευασμένοι, οἱ μὲν ἐς βασιλέας, οἱ δὲ ἐς θεούς, οἱ δὲ εἰς ἄλλα τοιαῦτα κεκοσμημένοι. πολλοὺς δὲ αὐτῶν καὶ ἐγνωρίσαμεν, πάλαι παρ᾽ ἡμῖν ἑωρακότες, οἳ δὴ καὶ προσῄεσαν καὶ ἠσπάζοντο

differ from one another both in nature and in looks. Some were tall, handsome and well-proportioned, while others were small and ugly; and some were rich, I thought, while others were humble and beggarly. There were winged and portentous dreams among them, and there were others dressed up as if for a carnival, being clothed to represent kings and gods and different characters of the sort. We actually recognised many of them, whom we had seen long ago at home. These came

ὡς ἂν καὶ συνήθεις ὑπάρχοντες, καὶ παραλαβόντες ἡμᾶς καὶ κατακοιμίσαντες πάνυ λαμπρῶς καὶ δεξιῶς ἐξένιζον, τήν τε ἄλλην ὑποδοχὴν μεγαλοπρεπῆ παρασκευάσαντες καὶ ὑπισχνούμενοι βασιλέας τε ποιήσειν καὶ σατράπας. ἔνιοι δὲ καὶ ἀπῆγον ἡμᾶς εἰς τὰς πατρίδας καὶ τοὺς οἰκείους ἐπεδείκνυον καὶ αὐθημερὸν ἐπανῆγον. ἡμέρας μὲν οὖν

up to us and greeted us like old acquaintances, took us with them, put us to sleep and entertained us very splendidly and hospitably. They treated us like lords in every way, and even promised to make us kings and nabobs. A few of them actually took us off home, gave us a sight of our friends and families and brought us back the same day. For thirty days and thirty nights we

τριάκοντα καὶ ἴσας νύκτας παρ᾽ αὐτοῖς ἐμείναμεν καθεύδοντες εὐωχούμενοι. ἔπειτα δὲ ἄφνω βροντῆς μεγάλης καταρραγείσης ἀνεγρόμενοι καὶ ἀναθορόντες ἀνήχθημεν ἐπισιτισάμενοι.

Τριταῖοι δ᾽ ἐκεῖθεν τῇ Ὠγυγίᾳ νήσῳ προσσχόντες ἀπεβαίνομεν. πρότερον δ᾽ ἐγὼ λύσας τὴν ἐπιστολὴν ἀνεγίνωσκον τὰ γεγραμμένα. ἦν δὲ τοιάδε· Ὀδυσσεὺς Καλυψοῖ χαίρειν. Ἴσθι με, ὡς τὰ πρῶτα ἐξέπλευσα παρὰ σοῦ τὴν σχεδίαν κατασκευασάμενος, ναυαγίᾳ χρησάμενον μόλις ὑπὸ Λευκοθέας διασωθῆναι εἰς τὴν τῶν Φαιάκων χώραν, ὑφ᾽ ὧν ἐς τὴν οἰκείαν ἀποπεμφθεὶς κατέλαβον πολλοὺς τῆς γυναικὸς μνηστῆρας ἐν τοῖς ἡμετέροις τρυφῶντας· ἀποκτείνας δὲ ἅπαντας ὑπὸ Τηλεγόνου ὕστερον τοῦ ἐκ Κίρκης μοι γενομένου ἀνηρέθην, καὶ νῦν εἰμι ἐν τῇ Μακάρων νήσῳ πάνυ μετανοῶν ἐπὶ τῷ καταλιπεῖν τὴν παρὰ σοὶ δίαιταν καὶ τὴν ὑπὸ σοῦ προτεινομένην ἀθανασίαν. ἢν οὖν καιροῦ

stopped with them and had a fine time--sleeping! Then of a sudden a great thunder-clap came; we woke up, sprang out of bed and put to sea as soon as we had laid in supplies.

On the third day out from there we touched at the island of Ogygia and landed. But first I opened the letter and read what was in it. It was:

"Odysseus to Calypso, greeting.

"Soon after I built the raft and sailed away from you I was shipwrecked, and with the help of Leucothea managed to reach the land of the Phaeacians in safety. They sent me home, and there I found that my wife had a number of suitors who were living on the fat of the land at our house. I killed them all, and was afterwards slain by Telegonus, my son by Circe. Now I am on the Isle of the Blest, thoroughly sorry to have given up my life with you and the immortality which you offered me. Therefore, if I get a chance, I

λάβωμαι, ἀποδρὰς ἀφίξομαι πρὸς σέ. ταῦτα μὲν ἐδήλου ἡ ἐπιστολή, καὶ περὶ ἡμῶν, ὅπως ξενισθῶμεν. ἐγὼ δὲ προελθὼν ὀλίγον ἀπὸ τῆς θαλάττης εὗρον τὸ σπήλαιον τοιοῦτον οἷον Ὅμηρος εἶπεν, καὶ αὐτὴν ταλασιουργοῦσαν.

shall run away and come to you." In addition to this, the letter said that she was to entertain us. On going a short way from the sea I found the cave, which was as Homer described it, [1] and found Calypso herself working wool. When

ὡς δὲ τὴν ἐπιστολὴν ἔλαβεν καὶ ἐπελέξατο, πρῶτα μὲν ἐπὶ πολὺ ἐδάκρυεν, ἔπειτα δὲ παρεκάλει ἡμᾶς ἐπὶ ξένια καὶ εἰστία λαμπρῶς καὶ περὶ τοῦ Ὀδυσσέως ἐπυνθάνετο καὶ περὶ τῆς Πηνελόπης, ὁποία τε εἴη τὴν ὄψιν καὶ εἰ σωφρονοίη, καθάπερ Ὀδυσσεὺς πάλαι περὶ αὐτῆς ἐκόμπαζεν· καὶ ἡμεῖς τοιαῦτα ἀπεκρινάμεθα, ἐξ ὧν εἰκάζομεν εὐφρανεῖσθαι αὐτήν.

Τότε μὲν οὖν ἀπελθόντες ἐπὶ ναῦν πλησίον ἐπὶ τῆς ἠόνος ἐκοιμήθημεν. ἔωθεν δὲ ἀνηγόμεθα σφοδρότερον κατιόντος τοῦ πνεύματος· καὶ δὴ χειμασθέντες ἡμέρας δύο τῇ τρίτη περιπίπτομεν τοῖς

she had taken the letter and read it, she wept a long time at first, and then she asked us in to enjoy her hospitality, gave us a splendid feast and enquired about Odysseus and Penelope--how she looked and whether she was prudent, as Odysseus used to boast in old times. [2] We made made her such answers as we thought would please her.

After that, we went back to the ship and slept beside it on the shore, and early in the morning we put to sea in a rising wind. We were storm-tossed for two days, and on the third we fell in with the Pumpkin-pirates. They are savages from the neighbour-

---

[1] Odyss. 5, 55 ff.
[2] Odyss. 5, 201 ff.

Κολοκυνθοπειραταῖς.

ἄνθρωποι δέ εἰσιν οὗτοι ἄγριοι ἐκ τῶν πλησίον νήσων ληστεύοντες τοὺς παραπλέοντας. τὰ πλοῖα δὲ ἔχουσι μεγάλα κολοκύνθινα τὸ μῆκος πήχεων ἐξήκοντα· ἐπειδὰν γὰρ ξηράνωσι τὴν κολόκυνθαν, κοιλάναντες αὐτὴν καὶ ἐξελόντες τὴν ἐντεριώνην ἐμπλέουσιν, ἱστοῖς μὲν χρώμενοι καλαμίνοις, ἀντὶ δὲ τῆς ὀθόνης τῷ φύλλῳ τῆς κολοκύνθης. προσβαλόντες οὖν ἡμῖν ἀπὸ δύο πληρωμάτων ἐμάχοντο καὶ πολλοὺς κατετραυμάτιζον βάλλοντες τῷ σπέρματι τῶν κολοκυνθῶν. ἀγχωμάλως δὲ ἐπὶ πολὺ ναυμαχοῦντες περὶ μεσημβρίαν εἴδομεν κατόπιν τῶν Κολοκυνθοπειρατῶν προσπλέοντας τοὺς Καρυοναύτας. πολέμιοι δὲ ἦσαν ἀλλήλοις, ὡς ἔδειξαν· ἐπεὶ γὰρ κἀκεῖνοι ᾔσθοντο αὐτοὺς ἐπιόντας, ἡμῶν μὲν ὠλιγώρησαν, τραπόμενοι δὲ ἐπ᾽ ἐκείνους ἐναυμάχουν. ἡμεῖς δὲ ἐν τοσούτῳ ἐπάραντες τὴν ὀθόνην ἐφεύγομεν ἀπολιπόντες αὐτοὺς μαχομένους, καὶ δῆλοι

ing islands who prey on passing sailors. They have large boats of pumpkin, sixty cubits long; for after drying a pumpkin they hollow it out, take out the insides and go sailing in it, using reeds for masts and a pumpkin-leaf for a sail. They attacked us with two crews and gave us battle, wounding many of us by hitting us with pumpkin-seeds instead of stones. After fighting for a long time on even terms, about noon we saw the Nut-sailors coming up astern of the Pumpkin-pirates. They were enemies to one another, as they showed by their actions; for when the Pumpkin-pirates noticed them coming up, they neglected us and faced about and fought with them. But in the meantime we hoisted our canvas and fled, leaving them fighting. It was evident that the Nut-sailors would win, as they were in greater

ἦσαν   κρατήσοντες   οἱ
Καρυοναῦται ἅτε

καὶ πλείουσπέντε γὰρ εἶχον πληρώματα καὶ ἀπὸ ἰσχυροτέρων νεῶν μαχόμενοι· τὰ γὰρ πλοῖα ἦν αὐτοῖς κελύφανα καρύων ἡμίτομα, κεκενωμένα, μέγεθος δὲ ἑκάστου ἡμιτομίου εἰς μῆκος ὀργυιαὶ πεντεκαίδεκα. Ἐπεὶ δὲ ἀπεκρύψαμεν αὐτούς, ἰώμεθα τοὺς τραυματίας, καὶ τὸ λοιπὸν ἐν τοῖς ὅπλοις ὡς ἐπίπαν ἦμεν, ἀεί τινας ἐπιβουλὰς προσδεχόμενοι· οὐ μάτην. οὔπω γοῦν ἐδεδύκει ὁ ἥλιος, καὶ ἀπό τινος ἐρήμου νήσου προσήλαυνον ἡμῖν ὅσον εἴκοσι ἄνδρες ἐπὶ δελφίνων μεγάλων ὀχούμενοι, λῃσταὶ καὶ οὗτοι· καὶ οἱ δελφῖνες αὐτοὺς ἔφερον ἀσφαλῶς, καὶ ἀναπηδῶντες ἐχρεμέτιζον ὥσπερ ἵπποι. ἐπεὶ δὲ πλησίον ἦσαν, διαστάντες οἱ μὲν ἔνθεν, οἱ δὲ ἔνθεν ἔβαλλον ἡμᾶς σηπίαις ξηραῖς καὶ ὀφθαλμοῖς καρκίνων. τοξευόντων δὲ ἡμῶν καὶ ἀκοντιζόντων οὐκέτι ὑπέμενον, ἀλλὰ τρωθέντες οἱ πολλοὶ αὐτῶν πρὸς τὴν νῆσον κατέφυγον.

numbers--they had five crews--and fought from stouter ships. Their boats were the halves of empty nutshells, each of which measured fifteen fathoms in length.
When we had lost them from sight, we attended to the wounded, and thereafter we kept under arms most of the time, always looking for attacks. And we did not look in vain. In fact, the sun had not yet gone down when from a desert island there came out against us about twenty men riding on huge dolphins, who were pirates like the others. The dolphins carried them securely and plunged and neighed like horses. When they were close by, they separated and threw at us from both sides with dry cuttle-fish and crabs' eyes. But when we let fly at them with spears and arrows, they could not hold their ground, but fled to the island, most of them wounded.
About midnight, while it was

Περὶ δὲ τὸ μεσονύκτιον γαλήνης οὔσης ἐλάθομεν προσοκείλαντες ἀλκυόνος καλιᾷ παμμεγέθει· σταδίων γοῦν ἦν αὕτη ἑξήκοντα τὸ περίμετρον. ἐπέπλεεν δὲ ἡ ἀλκυὼν τὰ ᾠὰ θάλπουσα οὐ πολὺ μείων τῆς καλιᾶς. καὶ δὴ ἀναπταμένη μικροῦ μὲν κατέδυσε τὴν ναῦν τῷ ἀνέμῳ τῶν πτερῶν. ᾤχετο δ᾽ οὖν φεύγουσα γοεράν τινα φωνὴν προϊεμένη. ἐπιβάντες δὲ ἡμεῖς ἡμέρας ἤδη ὑποφαινούσης ἐθεώμεθα τὴν καλιὰν σχεδίᾳ μεγάλῃ προσεοικυῖαν ἐκ δένδρων μεγάλων συμπεφορημένην· ἐπῆν δὲ καὶ ᾠὰ πεντακόσια, ἕκαστον αὐτῶν Χίου πίθου περιπληθέστερον. ἤδη μέντοι καὶ οἱ νεοττοὶ ἔνδοθεν ἐφαίνοντο καὶ ἔκρωζον. πελέκεσιν γοῦν διακόψαντες ἓν τῶν

calm, we unexpectedly ran aground on an enormous kingfisher's nest; really, it was sixty furlongs in circumference. The female was sailing on it, keeping her eggs warm, and she was not much smaller than the nest--in fact, as she started up she almost sunk the ship with the wind of her wings. She flew off, however, uttering a plaintive cry. We landed when day began to break, and observed that the nest was like a great raft, built of huge trees. There were five hundred eggs in it, every one of them bigger than a Chian wine-jar, and the chicks were already visible inside them and were chirping. We cut open one

ᾠῶν νεοττὸν ἄπτερον ἐξεκολάψαμεν εἴκοσι γυπῶν ἁδρότερον.
Ἐπεὶ δὲ πλέοντες ἀπείχομεν τῆς καλιᾶς ὅσον σταδίους διακοσίους, τέρατα ἡμῖν

of the eggs with axes and took from the shell a featherless chick fatter than twenty vultures.
When we had sailed a distance of two hundred furlongs from the nest, great

μεγάλα καὶ θαυμαστὰ ἐπεσήμανεν· ὅ τε γὰρ ἐν τῇ πρύμνῃ χηνίσκος ἄφνω ἐπτερύξατο καὶ ἀνεβόησεν, καὶ ὁ κυβερνήτης ὁ Σκίνθαρος φαλακρὸς ἤδη ὢν ἀνεκόμησεν, καὶ τὸ πάντων δὴ παραδοξότατον, ὁ γὰρ ἱστὸς τῆς νεὼς ἐξεβλάστησεν καὶ κλάδους ἀνέφυσεν καὶ ἐπὶ τῷ ἄκρῳ ἐκαρποφόρησεν, ὁ δὲ καρπὸς ἦν σῦκα καὶ σταφυλὴ μέλαινα, οὔπω πέπειρος. ταῦτα ἰδόντες ὡς εἰκὸς ἐταράχθημεν καὶ ηὐχόμεθα τοῖς θεοῖς διὰ τὸ ἀλλόκοτον τοῦ φαντάσματος. οὔπω δὲ πεντακοσίους σταδίους διελθόντες εἴδομεν ὕλην μεγίστην καὶ λάσιον πιτύων καὶ κυπαρίττων. καὶ ἡμεῖς μὲν εἰκάσαμεν ἤπειρον εἶναι· τὸ δ᾽ ἦν πέλαγος ἄβυσσον ἀρρίζοις δένδροις καταπεφυτευμένον· εἱστήκει δὲ τὰ δένδρα ὅμως ἀκίνητα, ὀρθὰ καθάπερ ἐπιπλέοντα. πλησιάσαντες δ᾽ οὖν καὶ τὸ πᾶν κατανοήσαντες

and wonderful signs manifested themselves to us. The gooseneck [1] suddenly grew feathers and started cackling, the sailing-master, Scintharus, who was already bald, became the owner of long hair, and what was strangest of all, the ship's mast budded, branched, and bore fruit at the summit! The fruit consisted of figs and black raisin-grapes, which were not yet ripe. [2] On seeing this, we were disturbed, as well we might be, and offered a prayer to the gods on account of the strangeness of the manifestation. We had not yet gone five hundred furlongs when we saw a very large, thick forest of pines and cypresses. We thought it was land, but in reality it was a bottomless sea overgrown with rootless trees, in spite of which the trees stood up motionless and straight, as if they were floating. On

---

[1] In ancient ships the gooseneck was an ornament on the stem, or (as here) on the stern. Nowadays it is a device for fastening a spar to a mast.

[2] A parody on the experience of the pirates who carried off Dionysus (Hymn. Hom. 7, 38).

ἐν ἀπόρῳ εἰχόμεθα τί χρὴ δρᾶν· οὔτε γὰρ διὰ τῶν δένδρων πλεῖν δυνατὸν ἦν πυκνὰ γὰρ καὶ προσεχῆ ὑπῆρχεν οὔτε ἀναστρέφειν ἐδόκει ῥᾴδιον· ἐγὼ δὲ ἀνελθὼν ἐπὶ τὸ μέγιστον δένδρον ἐπεσκόπουν τὰ ἐπέκεινα ὅπως ἔχοι, καὶ ἑώρων ἐπὶ σταδίους μὲν πεντήκοντα ἢ ὀλίγῳ πλείους τὴν ὕλην οὖσαν, ἔπειτα δὲ αὖθις ἕτερον ὠκεανὸν ἐκδεχόμενον. καὶ δὴ ἐδόκει ἡμῖν ἀναθεμένους

drawing near and forming an idea of the situation, we were in a quandary what to do, for it was not possible to sail between the trees, they being thick and close together, nor did it seem easy to turn back. Climbing the tallest tree, I looked to see how things were on the other side, and I saw that the forest extended for fifty stades or a little more, and that another ocean lay beyond. So we resolved to lift the

τὴν ὕλην οὖσαν, ἔπειτα δὲ αὖθις ἕτερον ὠκεανὸν ἐκδεχόμενον. καὶ δὴ ἐδόκει ἡμῖν ἀναθεμένους τὴν ναῦν ἐπὶ τὴν κόμην τῶν δένδρων πυκνὴ δὲ ἦν ὑπερβιβάσαι, εἰ δυναίμεθα, εἰς τὴν θάλατταν τὴν ἑτέραν· καὶ οὕτως ἐποιοῦμεν. ἐκδήσαντες γὰρ αὐτὴν κάλῳ μεγάλῳ καὶ ἀνελθόντες ἐπὶ τὰ δένδρα μόλις ἀνιμησάμεθα, καὶ θέντες ἐπὶ τῶν κλάδων, πετάσαντες τὰ ἱστία καθάπερ ἐν θαλάττῃ ἐπλέομεν τοῦ ἀνέμου προωθοῦντος ἐπισυρόμενοι·

ship on to the tree-tops, which were thick, and cross over, if we could, to the farther side; and that is what we did. We made her fast to a large rope, climbed the trees and pulled her up with much ado. Setting her on the branches and spreading our canvas, we sailed just as if we were at sea, carried along by the force of the wind. At that juncture a line of the poet Antimachus came into my head; he says somewhere or other:

"And unto them their forest

ἔνθα δὴ καὶ τὸ Ἀντιμάχου τοῦ ποιητοῦ ἔπος ἐπεισῆλθέ μεφησὶν γάρ που κἀκεῖνος·
Τοῖσιν δ᾽ ὑλήεντα διὰ πλόον ἐρχομένοισιν.

Βιασάμενοι δὲ ὅμως τὴν ὕλην ἀφικόμεθα ἐς τὸ ὕδωρ, καὶ πάλιν ὁμοίως καθέντες τὴν ναῦν ἐπλέομεν διὰ καθαροῦ καὶ διαυγοῦς ὕδατος, ἄχρι δὴ ἐπέστημεν χάσματι μεγάλῳ ἐκ τοῦ ὕδατος διεστῶτος γεγενημένῳ, καθάπερ ἐν τῇ γῇ πολλάκις ὁρῶμεν ὑπὸ σεισμῶν γενόμενα διαχωρίσματα. ἡ μὲν οὖν ναῦς καθελόντων ἡμῶν τὰ ἱστία οὐ ῥᾳδίως ἔστη παρ᾽ ὀλίγον ἐλθοῦσα κατενεχθῆναι. ὑπερκύψαντες δὲ ἡμεῖς ἑωρῶμεν βάθος ὅσον σταδίων χιλίων μάλα φοβερὸν καὶ παράδοξον· εἱστήκει γὰρ τὸ ὕδωρ ὥσπερ μεμερισμένον· περιβλέποντες δὲ ὁρῶμεν κατὰ δεξιὰ οὐ πάνυ πόρρωθεν γέφυραν ἐπεζευγμένην ὕδατος συνάπτοντος τὰ πελάγη κατὰ τὴν ἐπιφάνειαν, ἐκ τῆς ἑτέρας θαλάττης εἰς τὴν ἑτέραν διαρρέοντος. προσελάσαντες οὖν ταῖς κώπαις κατ᾽ ἐκεῖνο παρεδράμομεν καὶ μετὰ πολλῆς ἀγωνίας ἐπεράσαμεν

cruise pursuing."
We managed the wood in spite of everything and reached the water. Lowering the ship again in the same way we sailed through pure, clear water, until we came to a great crevasse made by the water dividing, like the cracks that one often sees in the earth, made by earthquakes. Though we got in the sails, the ship was slow to lose headway and so came near being engulfed. Peering over the edge, we saw a precipice of fully a thousand furlongs, most frightful and unnatural-- the water stood there as if cut apart! But as we looked about us we saw on the right at no great distance a bridge thrown across, which was of water, joining the surfaces of the two seas and flowing from one to the other. Rowing up, therefore, we ran into the stream and by great effort got across, though we thought we should never do it.
Then we came to a smooth sea and an island of no great size that was easily accessible

οὔποτε προσδοκήσαντες.
Ἐντεῦθεν ἡμᾶς ὑπεδέχετο πέλαγος προσηνὲς καὶ νῆσος οὐ μεγάλη, εὐπρόσιτος, συνοικουμένη· ἐνέμοντο δὲ αὐτὴν ἄνθρωποι ἄγριοι, Βουκέφαλοι,

and was inhabited. It was peopled by savages, the Bullheads, who have horns in the style that the

κέρατα ἔχοντες, οἷον παρ᾽ ἡμῖν τὸν Μινώταυρον ἀναπλάττουσιν. ἀποβάντες δὲ προῄειμεν ὑδρευσόμενοι καὶ σιτία ληψόμενοι, εἴ ποθεν δυνηθείημεν· οὐκέτι γὰρ εἴχομεν. καὶ ὕδωρ μὲν αὐτοῦ πλησίον εὕρομεν, ἄλλο δὲ οὐδὲν ἐφαίνετο, πλὴν μυκηθμὸς πολὺς οὐ πόρρωθεν ἠκούετο. δόξαντες οὖν ἀγέλην εἶναι βοῶν, κατ᾽ ὀλίγον προχωροῦντες ἐπέστημεν τοῖς ἀνθρώποις. οἱ δὲ ἰδόντες ἡμᾶς ἐδίωκον, καὶ τρεῖς μὲν τῶν ἑταίρων λαμβάνουσιν, οἱ δὲ λοιποὶ πρὸς τὴν θάλατταν καταφεύγομεν. εἶτα μέντοι πάντες ὁπλισάμενοιοῦ γὰρ ἐδόκει ἡμῖν ἀτιμωρήτους περιδεῖν τοὺς φίλουσἐμπίπτομεν τοῖς Βουκεφάλοις τὰ κρέα τῶν ἀνηρημένων διαιρουμένοις·

Minotaur is represented at home. Landing, we went up country to get water and food if we could, for we no longer had any. Water we found close by, but there was nothing else to be seen, though we heard a great bellowing not far off. Thinking it was a herd of cattle, we went ahead cautiously and came upon the men of whom I spoke. On seeing us, they gave chase, and captured three of my comrades, but the rest of us made our escape to the sea. Then, however, we all armed ourselves--it did not seem right to let our friends go unavenged--and fell on the Bullheads while they were portioning out the flesh of the men they had slain. We put them all to flight and gave

φοβήσαντες δὲ πάντας διώκομεν, καὶ κτείνομέν γε ὅσον πεντήκοντα καὶ ζῶντας αὐτῶν δύο λαμβάνομεν, καὶ αὖθις ὀπίσω ἀναστρέφομεν τοὺς αἰχμαλώτους ἔχοντες. σιτίον μέντοι οὐδὲν εὕρομεν. οἱ μὲν οὖν ἄλλοι παρήνουν ἀποσφάττειν τοὺς εἰλημμένους, ἐγὼ δὲ οὐκ ἐδοκίμαζον, ἀλλὰ δήσας ἐφύλαττον αὐτούς, ἄχρι δὴ ἀφίκοντο παρὰ τῶν Βουκεφάλων πρέσβεις ἀπαιτοῦντες ἐπὶ λύτροις τοὺς συνειλημμένους· συνίεμεν γὰρ αὐτῶν διανευόντων καὶ γοερόν τι μυκωμένων ὥσπερ ἱκετευόντων. τὰ λύτρα δὲ ἦν τυροὶ πολλοὶ καὶ ἰχθύες ξηροὶ καὶ κρόμμυα καὶ ἔλαφοι τέτταρες, τρεῖς ἑκάστη πόδα ἔχουσα, δύο μὲν τοὺς ὄπισθεν, οἱ δὲ πρόσω ἐς ἕνα συμπεφύκεσαν. ἐπὶ τούτοις ἀποδόντες τοὺς συνειλημμένους καὶ μίαν ἡμέραν ἐπιμείναντες ἀνήχθημεν.

Ἤδη δὲ ἰχθύες τε ἡμῖν ἐφαίνοντο καὶ ὄρνεα παρεπέτετο καὶ ἄλλ' ὁπόσα γῆς πλησίον οὔσης σημεῖα chase, killing about fifty and taking two alive: then we turned back to the ship with our prisoners. We found no food, though. The rest therefore urged that the captives be killed; I did not approve of this, however, but put them in irons and kept them under guard until ambassadors came from the Bullheads, asking for them and offering a ransom. We understood them because they made signs and bellowed plaintively as if in entreaty. The ransom was a number of cheeses, dried fish, onions, and four does, each of which had only three feet, for while they had two behind, the forefeet had grown together. In exchange for all this we surrendered the captives, and after stopping there a single day we put to sea.

Already we began to see fish, birds flew by and all the other signs that land was near made their appearance. In a little while we saw men who were

προφαίνεται. μετ᾽ ὀλίγον δὲ
καὶ ἄνδρας

εἴδομεν καινῷ τῳ τρόπῳ
ναυτιλίας χρωμένους· αὐτοὶ
γὰρ καὶ ναῦται καὶ νῆες ἦσαν.
λέξω δὲ τοῦ πλοῦ τὸν τρόπον·
ὕπτιοι κείμενοι ἐπὶ τοῦ ὕδατος
ὀρθώσαντες τὰ αἰδοῖαμεγάλα
δὲ φέρουσινἐξ αὐτῶν ὀθόνην
πετάσαντες καὶ ταῖς χερσὶν
τοὺς ποδεῶνας κατέχοντες
ἐμπίπτοντος τοῦ ἀνέμου
ἔπλεον. ἄλλοι δὲ μετὰ τούτους
ἐπὶ φελλῶν καθήμενοι
ζεύξαντες δύο δελφῖνας
ἤλαυνόν τε καὶ ἡνιόχουν· οἱ δὲ
προϊόντες ἐπεσύροντο τοὺς
φελλούς. οὗτοι ἡμᾶς οὔτε
ἠδίκουν οὔτε ἔφευγον, ἀλλ᾽
ἤλαυνον ἀδεῶς τε καὶ
εἰρηνικῶς τὸ εἶδος τοῦ
ἡμετέρου πλοίου θαυμάζοντες
καὶ πάντοθεν περισκοποῦντες.
Ἑσπέρας δὲ ἤδη προσήχθημεν
νήσῳ οὐ μεγάλῃ· κατῳκεῖτο δὲ
ὑπὸ γυναικῶν, ὡς ἐνομίζομεν,
Ἑλλάδα φωνὴν προϊεμένων·
προσῇεσαν γὰρ καὶ ἐδεξιοῦντο
καὶ ἠσπάζοντο, πάνυ ἑταιρικῶς
κεκοσμημέναι καὶ καλαὶ πᾶσαι
καὶ νεάνιδες, ποδήρεις τοὺς

following a novel mode of
sailing, being at once sailors
and ships. Let me tell you
how they did it: they lay on
their backs on the water,
hoisted their jury-masts,
which are sizeable, spread
sail on them, held the dews in
their hands, and were off and
away as soon as the wind
struck them. Others came
next who sat on corks and
had a pair of dolphins hitched
up, driving them and guiding
them with reins; in moving
ahead, the dolphins drew the
corks along. They neither
offered us harm nor ran away
from us, but drove along
fearlessly and peacefully,
wondering at the shape of
our boat and examining her
from all sides.
In the evening we touched at
another island of no great
size. It was inhabited by
women--or so we thought--
who spoke Greek, and they
came up to us, welcomed and
embraced us. They were got
up just like courtezans and

χιτῶνας ἐπισυρόμεναι. ἡ μὲν οὖν νῆσος ἐκαλεῖτο Κοβαλοῦσα, ἡ δὲ πόλις αὐτὴ Ὑδαμαργία. λαχοῦσαι δ᾽ οὖν ἡμᾶς αἱ γυναῖκες ἑκάστη πρὸς ἑαυτὴν ἀπῆγεν καὶ ξένον ἐποιεῖτο. ἐγὼ δὲ μικρὸν ἀποστὰς οὐ γὰρ χρηστὰ ἐμαντευόμηνἀκριβέστερόν τε περιβλέπων ὁρῶ πολλῶν ἀνθρώπων ὀστᾶ καὶ κρανία κείμενα. καὶ τὸ μὲν βοὴν ἱστάναι καὶ τοὺς ἑταίρους συγκαλεῖν καὶ ἐς τὰ ὅπλα χωρεῖν οὐκ ἐδοκίμαζον. προχειρισάμενος δὲ τὴν μαλάχην πολλὰ ηὐχόμην αὐτῇ διαφυγεῖν ἐκ τῶν παρόντων κακῶν· μετ᾽ ὀλίγον δὲ τῆς ξένης διακονουμένης εἶδον τὰ σκέλη οὐ γυναικός, ἀλλ᾽ ὄνου ὁπλάς· καὶ δὴ σπασάμενος τὸ ξίφος

were all beautiful and young, with tunics that swept on the ground. The island was called Witchery, and the city Watertown.[1] Each of the women took one of us home with her and made him her guest. But I excused myself for a moment--I had misgivings--and on looking about rather carefully, saw many human bones and skulls lying there. To make an outcry, call my comrades together and arm ourselves did not seem best to me, but I fetched out my mallow and prayed to it earnestly that I might escape the ills that beset me. After a little while, as my hostess was waiting on me, I saw that her legs were not a woman's but those of an ass. Then I drew my sword, caught and bound

συλλαμβάνω τε αὐτὴν καὶ δήσας περὶ τῶν ὅλων ἀνέκρινον. ἡ δέ, ἄκουσα μέν, εἶπεν δὲ ὅμως, αὐτὰς μὲν εἶναι θαλαττίους γυναῖκας Ὀνοσκελέας

her and questioned her about the whole thing. Against her will she told me that they were women of the sea, called Asslegs and that they fed on the strangers that visited them.

---

[1] Both names are uncertain in the Greek.

προσαγορευομένας, τροφὴν δὲ ποιεῖσθαι τοὺς ἐπιδημοῦντας ξένους. ἐπειδὰν γάρ, ἔφη, μεθύσωμεν αὐτούς, συνευνηθεῖσαι κοιμωμένοις ἐπιχειροῦμεν. ἀκούσας δὲ ταῦτα ἐκείνην μὲν αὐτοῦ κατέλιπον δεδεμένην, αὐτὸς δὲ ἀνελθὼν ἐπὶ τὸ τέγος ἐβόων τε καὶ τοὺς ἑταίρους συνεκάλουν. ἐπεὶ δὲ συνῆλθον, τὰ πάντα ἐμήνυον αὐτοῖς καὶ τά γε ὀστᾶ ἐδείκνυον καὶ ἦγον ἔσω πρὸς τὴν δεδεμένην· ἡ δὲ αὐτίκα ὕδωρ ἐγένετο καὶ ἀφανὴς ἦν. ὅμως δὲ τὸ ξίφος εἰς τὸ ὕδωρ καθῆκα πειρώμενος· τὸ δὲ αἷμα ἐγένετο.

Ταχέως οὖν ἐπὶ ναῦν κατελθόντες ἀπεπλεύσαμεν. καὶ ἐπεὶ ἡμέρα ὑπηύγαζεν, ἤδη τὴν ἤπειρον ἀπεβλέπομεν εἰκάζομέν τε εἶναι τὴν ἀντιπέρας τῇ ὑφ᾽ ἡμῶν οἰκουμένῃ κειμένην. προσκυνήσαντες δ᾽ οὖν καὶ προσευξάμενοι περὶ τῶν μελλόντων ἐσκοποῦμεν, καὶ τοῖς μὲν ἐδόκει ἐπιβᾶσιν μόνον αὖθις ὀπίσω ἀναστρέφειν, τοῖς δὲ τὸ μὲν πλοῖον αὐτοῦ καταλιπεῖν, ἀνελθόντας δὲ ἐς τὴν μεσόγαιαν πειραθῆναι τῶν

"When we have made them drunk," said she, "we go to bed with them and attack them in their sleep." On hearing this, I left her there tied up, and myself went up to the housetop and cried out and called my comrades together. When they had come, I told them everything, showed them the bones and led them in to the woman who was tied up, but she immediately turned to water and disappeared. Nevertheless I thrust my sword into the water as a test, and the water turned to blood.

With all speed we went back to the ship and sailed away. When the light of day began to show, we saw land and judged it to be the world opposite the one which we inhabit. After doing homage and offering prayer, we took thought for the future. Some of us proposed just to land and then turn back again, others to leave the boat there, go into the interior and see what the inhabitants were like. While we were debating this, a violent storm struck the boat, dashed it ashore and wrecked it, and we ourselves had much

ἐνοικούντων. ἐν ὅσῳ δὲ ταῦτα ἐλογιζόμεθα, χειμὼν σφοδρὸς ἐπιπεσὼν καὶ προσαράξας τὸ σκάφος τῷ αἰγιαλῷ διέλυσεν. ἡμεῖς δὲ μόλις ἐξενηξάμεθα τὰ ὅπλα ἕκαστος καὶ εἴ τι ἄλλο οἷός τε ἦν ἁρπασάμενοι. Ταῦτα μὲν οὖν τὰ μέχρι τῆς ἑτέρας γῆς συνενεχθέντα μοι ἐν τῇ θαλάττῃ καὶ παρὰ τὸν πλοῦν ἐν

trouble in swimming out with our arms and anything else that we could catch up.

Thus far I have told you what happened to me until I reached the other world, first at sea, then

ταῖς νήσοις καὶ ἐν τῷ ἀέρι καὶ μετὰ ταῦτα ἐν τῷ κήτει καὶ ἐπεὶ ἐξήλθομεν, παρά τε τοῖς ἥρωσι καὶ τοῖς ὀνείροις καὶ τὰ τελευταῖα παρὰ τοῖς Βουκεφάλοις καὶ ταῖς Ὀνοσκελέαις, τὰ δὲ ἐπὶ τῆς γῆς ἐν ταῖς ἑξῆς βίβλοις διηγήσομαι.

during my voyage among the islands and in the air, then in the whale, and after we left it, among the heroes and the dreams, and finally among the Bullheads and the Asslegs. What happened in the other world I shall tell you in the succeeding books. [1]

---

[1] The biggest lie of all, as a disgruntled Greek scribe remarks in the margin!

Read these similar books for free at forgottenbooks.org:

Dracula

The Odyssey of Homer

Hesiod: Works And Days

**The Most Pleasant and Delectable Tale of the Marriage of
Cupid and Psyche**

Gods and Fighting Men

The Mabinogion

Priapeia

The Druid Path

Read or order online at:

*www.forgottenbooks.org
or
www.amazon.com*

Made in the USA
Middletown, DE
27 April 2018